Mit Sicherheit

Licht und Schatten im privaten Sicherheitsgewerbe

Max Schreiber

INHALTSWEGWEISER

Inhaltswegweiser..1
Impressum...4
Vorbemerkung:...5

1. Kapitel:**VORURTEILE UND WAHRHEITEN**

Hierarchische Strukturen?.................................6
Dumm, dümmer, am Dümmsten,
Wachleute?..8
Viel Fleiß, kleiner Preis?...............................10
Eine kleine Auswahl von dem, was leider auch
passiert ist...14

2. Kapitel: **WIR SIND ÜBERALL**

Noch einmal auf die Schulbank............................19
Allgemeines zu den Empfangsdiensten......................23
Im Jobcenter und in der Bundesarbeitsagentur.........25
Genereller Einsatz in anderen Behörden und
Objekten...29
Auf dem Bau..33
In Museen und
Galerien...38
Konzerthäuser, Theater, Festivals und Stadien........42
Auf Messen...44
Flughäfen und öffentlicher
Nahverkehr...46
In sozialen Brennpunkten.................................48
Feste feiern und feste
arbeiten...49

3. Kapitel **ZWISCHENMENSCHLICHES**

Hinter den Kulissen.....................................51
Achtung...55
Wachleute sehen anders............................67
Frauen im hiesigen Wach- und
Sicherheitsgewerbe..................................70
Von Möchtegern-Chefs, echten Chefs und
Dienstplänen...74
Langeweile, Übungen und Havarien.......85
Steht das gesamte Land still.....................89
Von der Firma Horch & Guck..................95
Es geht auch anders.................................97
Rassismus und Sexismus in der Kollegschaft.........99
Der alltägliche Umgang im kollegialen Kreis.......104
Geschriebene und ungeschriebene Regeln............107
Wale und Bullen im privaten und staatlichen
Wachgewerbe?..111

4. Kapitel: **CORONA, CORONA, CORONA**

Den Schalter umlegen..............................113
Home-Office, Kurzarbeit & Co................122
Neue und alte Gefahrenlagen...................126
Geschlossene
Wohnanlagen..132
Von Mauern, Villen, Zäunen und ihren
Helfershefenden......................................134
Die Kundschaft ist Königin......................139
Gesundheit..148
Die 3-G-Regeln und die Parkplätze.........162

5. Kapitel: **PRIVATE SICHERHEIT WELTWEIT**

Wir sind privilegiert....................168
Das Gruselkabinett der weltweiten privaten
Sicherheitsindustrie....................171
Horrorgeschichten?....................174
Männliche Machtspiele gegen
Sicherheitsfrauen....................176

6. Kapitel: **GEDANKEN ZUR ZUKUNFT**

Wohin geht die Reise?.................... 178
Vermutungen....................180
Über technische Möglichkeiten und denkbare
Folgen....................182

Anhang:

Schlussbemerkung....................183
Kurz zu mir....................187
Vielen Dank....................188
Zu den Quellen....................189
Elivator Pitch....................196

Impressum

© 2022, Max Schreiber
Herstellung und Verlag:
BoD – Books on Demand, Norderstedt
ISBN: 9783757802196

Vorbemerkung

Um es gleich vorneweg zu sagen: alle geschilderten Fälle, die in diesem Buch Erwähnung finden, sind meistens echt. Zum Schutz aller jetzigen und früheren Kolleginnen und Kollegen habe ich *alle* Namen und Orte, zuweilen auch das Geschlecht geändert und ebenso keinen Firmennamen genannt. Manches habe ich von durchaus glaubwürdigen Personen erfahren, vieles habe ich selbst erlebt oder erlebe es immer noch, manches ist erdacht, könnte im Guten wie im Schlechten aber auch wahr sein. Das ist zum einen so gewollt, um die Anonymität der im Buch aufgeführten Menschen zu erhöhen. Zudem ist es mir völlig egal, ob sie mir bekannt oder unbekannt, sympathisch oder unsympathisch sind. Wichtig ist ihre Geschichte. Übrigens: auch Max Schreiber ist ein Pseudonym.

Außerdem gibt es viele Fragen. Stimmt es, dass in der Wach- und Sicherheitsbranche nur Deppen arbeiten? Machen die Sicherheitsleute, die z.B. in den Pforten aller möglichen Objekte tätig sind, während ihrer Dienstzeit nur Urlaub?! Steht der Ruf unserer Berufsgruppe, zu recht nicht zum Besten? Scheint das nicht nur hierzulande, sondern weltweit der Fall zu sein? Wie sieht es in puncto Einhaltung der Menschenrechte außerhalb unserer Landesgrenzen aus?

Dabei geht es nicht allein um Fragen, die einer Antwort harren, sondern auch um knallharte Vorurteile, die nicht nur bei uns bestehen. Sind vor allem letztere berechtigt oder eher nicht? Wo steht ein Gewerbe, das gerade in heutiger Zeit mehr denn je

nachgefragt wird, wie sieht es mit Anerkennung, der Wertschätzung sowie mit der Bezahlung und der Neudeutsch Work-Life-Balance aus?
Spannende Fragen, wie ich finde. In diesem Buch möchte ich versuchen, all diese und vielleicht noch mehr zu beantworten. Aber genug der Vorrede. Begeben wir uns in die Höhen und Tiefen einer für die meisten meistens nur oberflächlich bekannten und deshalb doch eher unbekannten Welt!

VORURTEILE UND WAHRHEITEN
Hierarchische Strukturen?

Bekannterweise wohnen wir in einer Männerwelt. Das ist auch in unserem Gewerbe nicht anders. Diejenigen, die Unternehmen leiten, sind männlich und nach meinen Erfahrungen immer hellhäutig. Anders kenne ich es nicht. Allein wegen dieser zwei Merkmale sind sie meines Wissens quasi von Geburt an privilegiert und in der Mehrzahl. Gibt es wenigstens eine Frau, der ein Sicherheitsunternehmen gehört? Ich komme darauf zurück.
Die hierarchische Struktur ist – typisch männlich – klar geregelt; hier jedoch nur grob dargestellt und nicht unbedingt lückenlos. Da ist zuerst der Eigentümer, ihm folgt der Regional- bzw. Bezirksleiter, danach kommt der Einsatzleiter der an die Reihe.
Es folgen Bereichsleiter, Personalchef, Objektleiter und hiernach kommt erst mal nichts und wieder nichts, bis dann das Fußvolk zu sehen ist, die Sicherheitsmitarbeiterinnen und -mitarbeiter, kurz

SMA, also wir. – In Museen stehen noch die Oberaufsichten über uns, wir selbst werden dort als „Aufsichten" bezeichnet.

Was zu tun oder zu lassen ist, regelt die *Dienstanweisung* und das in einem sagen wir mal oftmals gewöhnungsbedürftigem Deutsch sprich, Bürokratendeutsch. Dabei ist in jedem Wort, in jeder Zeile förmlich zu spüren, wer *die Hosen an und was zu sagen hat* und wer eben nur (Dienst)rock oder -hose trägt. Sprache als Machtinstrument, das locker von oben herab nicht nur angewendet werden kann. Wer hier „Augenhöhe" sucht, sucht diese vergeblich, obwohl sie stets propagiert wird. Aber vielleicht geht das hierzulande auch gar nicht. Trotzdem: können Dienstanweisungen nicht in einem bestimmt-freundlichem Ton verfasst werden? Aber dass wäre dann wohl nicht mehr „typisch Deutsch."

Wer die Anweisungen durchliest, kann jedoch auch aus anderen Gründen oftmals nur mit dem Kopf schütteln, sind es doch Selbstverständlichkeiten, die dort angegeben werden. Dass das Konsumieren von Drogen jeglicher Art, wobei die Volksdroge Alkohol noch extra Erwähnung findet, im Dienst verboten ist, sollte eigentlich klar sein. Dasselbe gilt natürlich ebenso für Freundlichkeit im Umgang mit Menschen, beispielsweise am Empfangstresen. Aber ist das immer der Fall?

Muss ich noch erwähnen, dass in den Dienstanweisungen stets die männliche Form Anwendung findet? Immerhin existiert in allen standardisierten Dienstanweisungen der Hinweis, dass sich auch die Damenwelt angesprochen fühlen soll. Es ist schon ein Kreuz mit unserer Sprache.

Was ich annehme ist, dass die männlich-hierarchischen Strukturen im illegalen Wach- und Sicherheitsgewerbe noch deutlicher zutage treten als in den legalen Unternehmen. Was da abläuft, möchte ich lieber gar nicht wissen. - Trotzdem sei die Frage erlaubt, woran es denn liegt, dass zumindest halbseidene Sicherheitsfirmen existieren? Soweit mir bekannt ist arbeiten dort die gesellschaftlich abgehängten Schulabbrecher ohne irgendeinem Ausbildungsabschluss oder diejenigen, die lediglich einen Hauptschulabschluss in der Tasche haben. Menschen mit oder ohne Immigrationshintergrund, die oftmals, so heißt es, im Türsteher Milieu arbeiten. Damit möchte ich solches Verhalten mitnichten entschuldigen. Es ist lediglich eine Erklärung, um zu verstehen, warum es solche Auswüchse in unserer Gesellschaft gibt.

Dumm, dümmer, am dümmsten, Wachleute?

Das Bild, dass wir in den Medien und somit in der Öffentlichkeit haben, ist meines Erachtens nicht immer das Allerbeste. Mit großer Vorliebe wird über Sicherheitsleute ausschließlich männlicher Natur, berichtet, die sich nonverbal auszudrücken pflegen, da spricht die Faust, nicht das Wort. Und ja, Rechtsextreme sind beileibe ein Problem in unserem Gewerbe, mehr dazu später.

Die Sicherheits- und Wachbranche war und ist auch aber nicht nur ein Auffangbecken für Menschen, die eher oder gänzlich auf der Schattenseite des Lebens stehen.

Auch in der legalen Sicherheitsbranche haben wir einerseits diejenigen, die zwar einem Schulabschluss erlangten, aber keine Ausbildung abgeschlossen haben oder ohne irgendeinen Abschluss da stehen. Andererseits bilden diese Gruppen nach meinen Erfahrungen eine Minderheit. Viele von uns haben wie ich eine „einfache" handwerkliche Ausbildung in der Tasche.

Ist letztgenanntes für viele der Bessergestellten ein Graus an sich? Mag sein, dass es vielen von denen, die nicht zur angeblich „ach so feinen Gesellschaft" gehören, an gewissen Verhaltensregeln, die „da oben" üblich sind, mangelt. Das ist jedoch kein Kriterium um sagen zu können, ob jemand dumm ist oder nicht. Hier frage ich, ob die Wahrheit eine andere ist. Hatten sie eventuell weniger Chancen im Leben als die Begüterten? In meinen Augen ist letztendlich gerade hierzulande durchgängig entscheidend, in welcher Gesellschaftsschicht ein Mensch hineingeboren wird. Natürlich gibt es auch die Kolleginnen und Kollegen, die merklich aus der angeblichen „Unterschicht" kommen, die vom gesamten Verhalten unangenehm auffallen. Rein vom Gefühl her möchte ich da zuweilen sagen, dass solche Menschen „dumm" sind. Aber das ist weder sachlich, noch steht mir eine solche Äußerung im Geringsten zu!

Im Wach- und Sicherheitsgewerbe arbeiten Leute aus allen sozialen Schichten und Berufen miteinander: von der Hilfskraft bis zu denen mit akademischem Abschluss ist alles dabei. Und was „die Dummen" angeht: oftmals erntet die dümmste Bäuerin die dicksten Kartoffeln!...

Letztlich ist es so wie in anderen Branchen auch: wir Sicherheitsleute bilden einen bunten, gemischten Haufen. Das mit der Dummheit haben wir geklärt. Über Geld, wird nicht geredet? Warum eigentlich nicht?...

Viel Fleiß, kleiner Preis?

Es ist noch keine 20 Jahre her, als die Stundenlöhne für die Beschäftigten im Wachgewerbe noch vornehmlich im Osten der Republik noch bei 5 Euro brutto pro Stunde lagen, teilweise sogar noch darunter. 240, in Worten, *Zweihundertundvierzig* Arbeitsstunden und mehr waren keine Seltenheit, sondern die Regel und das Monat für Monat in 12-Stunden-Schichten. Tag und Nacht, rund um die Uhr, 365 Tage im Jahr, Wochenend- und Feiertagsdienste inklusive, selbstverständlich selten frei und das alles für nicht mehr als `nen Appel und `n Ei. Oftmals bekamen wir nur eins von beidem!..
Aber wir haben es gemacht. In Fabriken, Ämtern, sozialen Einrichtungen oder auf Baustellen sowie in Einkaufszentren, praktisch überall. Ob heute oder wie bei mir seit 2008. Zuschläge für Wochenend- und Feiertagsarbeit existierten auch damals schon. Selbstredend nicht viel, aber es gab sie. Viele Sicherheitsleute mussten auch rechnen, wenn sie ihren Lohnzettel bekamen, denn es kam vor, dass sich Lohnbuchhaltungen verrechneten und weniger bezahlten als tatsächlich gearbeitet wurde. Das passierte seinerzeit und passiert auch heutzutage meistens versehentlich, und das ist nur allzu menschlich.

Frauen und Männer werden für gleiche Arbeit gleich bezahlt. Equal pay ist in unserem Gewerbe Wirklichkeit. Auf den unteren Ebenen jedenfalls, das kann ich bestätigen.

Kommen wir zu den Lohnsteigerungen der letzten Jahre und welche Rolle die Wirtschaft bei dieser Entwicklung spielt. Sie hat diese mit zugelassen aber, so meine ich, sicherlich ganz und gar nicht ohne Hintergedanken. Es ist eine Tatsache, dass die Lohnhöhe sowie die Arbeitsplatzsicherheit zum überwiegenden Teil auch an der Qualifikationshöhe gemessen wird. Eine Binsenweisheit. Und weil das Sicherheits- und Wachgewerbe keine Insel der Seeligen ist, gilt das selbstredend auch für uns.

Viele Sicherheitsmitarbeitende haben lediglich einen drei bis sechs Monate dauernden Kurs mit einer allerdings staatlich anerkannten Sachkunde-Prüfung absolviert, die jedoch nach meinem Kenntnisstand *keinerlei* Ausbildungsstatus beinhaltet. Wer will, kann eine vom Staat anerkannte Ausbildung absolvieren, selbstverständlich mit einer Abschlussprüfung. Wer will, kann meines Wissens Meisterin oder Meister werden, selbst Studiengänge sind in unserer Branche möglich.

Die Unternehmen haben aus ihrer Sicht allein im Zeitraum von 2008 bis 2022 eine enorme Personalkostensteigerung hinnehmen müssen. Im Jahr 2008 standen auf meinem Lohnzettel für einfache Objektbewachung 4,35 Euro brutto pro Stunde. 2015 wurde, wie uns allen bekannt ist, der Mindestlohn eingeführt, der seitdem immer wieder anstieg, zuletzt im Oktober 2022. am Ende des Buches komme ich darauf zurück. Pläne, um diese

Entwicklung zu stoppen dürften, so denke ich, längst in vielen Schubladen vieler Unternehmen bereit liegen. Genau deshalb akzeptieren sie die steigenden Lohnkosten.

In wenigen Jahren werden wir „einfachen" Sicherheitskräfte peu à peu durch den „Kollegen Rechner" ersetzt, davon bin ich trotz unbestreitbarer Systemrelevanz der privaten Sicherheitsbranche mehr als überzeugt. Wie sieht es mit den Zutrittskontrollen beispielsweise bei Konzertveranstaltungen aus? Das können Computer genauso gut wie Wachleute erledigen, wahrscheinlich sogar schneller und besser. Deswegen dürfte es auch für Pforten- und Empfangsdienste mittelfristig eng werden.

Denn so ein Rechner braucht weder freie Tage noch Pausen oder gar Urlaub und jegliche Personalkosten entfallen. Herrlich! Vom Arbeitnehmerschutzgesetz ganz zu schweigen, den braucht die Metallkiste nicht. Für uns „kleine" Wachfrauen und -männer ist der Rechner eine ernstzunehmende Konkurrenz, die in den kommenden Jahren nicht nur hierzulande immer mehr zunehmen wird.

Außerdem muss bedacht werden, dass meines Wissens das Gros der im Wachgewerbe arbeitenden Menschen Mitte Dreißig plus ist, was in unserer alternden Gesellschaft eigentlich nicht wirklich verwundert. Ich denke, ein Großteil des „Fußvolkes" wird das bleiben, was es für das Sicherheitsgewerbe ist: eine Sicherheitsfachkraft mit einer bestandenen Industrie und Handelskammer-Prüfung, die trotzdem nur den Status einer Hilfskraft besitzt und nicht als Ausbildung anerkannt ist.

Darunter kommen nur noch diejenigen mit Unterrichtung, einem einwöchigem Kurs, der mit einem Zertifikat ohne vorheriger Prüfung abschließt in dem die Teilnahme desselben schriftlich bestätigt wird. Soweit, wie ich es mitbekomme, werden auch heutzutage noch entsprechende Kolleginnen und Kollegen eingestellt. Jetzt geht es aber weiter mit viel Fleiß und wie gesehen nicht mehr ganz so kleinem Preis und meinen ganz persönlichen Erfahrungen auf diesem Gebiet.

Ja, fleißig sind sie, die früher als Apothekerin, Zimmerer oder was auch immer tätig waren. Die meisten von ihnen bekommen Arbeitsverträge in die Hand, die eine monatliche Arbeitszeit in Vollzeit von 172 Monatsstunden beinhalten. Nicht selten habe ich persönlich mit älteren Arbeitnehmerinnen und -nehmern jenseits der 50 gesprochen, die nach eigenen Angaben diese Stundenanzahl sogar noch überboten haben. Sogar mit über 60- und teilweise über 70jährigen habe ich mich unterhalten, die mir glaubhaft berichteten, dass sie bis zu 228 Stunden monatlich arbeiten. Fast immer, weil die Rente nicht reicht, teilweise aber auch, weil ihnen die Arbeit auch Freude macht.

Noch heute höre ich von meiner Kollegschaft, dass immer noch ein nicht unerheblicher Teil von ihnen bis zu 228 Stunden monatlich arbeitet, mehr ist seit 2016 nicht mehr erlaubt. Vor wenigen Jahren galt das Arbeitszeitschutzgesetz zumindest praktisch in vielen Wachbetrieben noch als Fremdwort. Das habe nicht nur ich persönlich noch so erlebt.

Eine kleine Auswahl von dem, was leider auch passiert ist

Hier wird kein Blatt vor den Mund genommen, denn um das ganze Bild zu zeigen, müssen natürlich auch Fakten benannt werden, die zum Fremdschämen einladen. Weil sie sich tatsächlich zugetragen haben. Selbstverständlich sind, wie bereits erwähnt, alle Personen- und Ortsnamen geändert.

Auf einer Großbaustelle in München: ein Wachmann, nennen ihn Sepp H, sitzt allein in „seinem" Container. Er hat Nachtdienst und wird müde, was verständlich ist und um so mehr gilt, wenn Tages- und Nachtschichten geleistet werden müssen. Helfen würde ihm jetzt Frischluftzufuhr oder ein starker Kaffee, in Ausnahmefällen auch ein so genannter „Enegry-Drink." Auch aufstehen und im Container hin und herlaufen wäre eine Option, denn kein Mensch schläft wie ein Pferd im Stehen.

Was aber macht unser Sepp, der Depp? Er bequemt sich dazu, vom Schreibtischstuhl aufzustehen, um sich auf den nackten Betonboden zu legen und schläft ein. Als sein Kollege zum Tagesdienst kommt, sieht er ihn schlafen, weckt ihn und ruft die Einsatzleitung an, um den Vorfall zu melden. Das hat nichts mit petzen zu tun. Entscheidend ist das *vorsätzliche* Verhalten des *Wachmannes,* dem zu recht fristlos gekündigt wird, weil sein Verhalten den Bewachungsauftrag und damit alle daran hängenden Arbeitsplätze gefährdet.

In einem Warenlager in Dresden: Fred Z ist der Kollegschaft als mürrischer Zeitgenosse bekannt, der zuweilen auch mal laut werden kann. Fred wird im besagten Amt an der Pforte eingesetzt, er sieht sich mehr als Sicherheits- denn als Pfortenkraft und schon gar nicht als Dienstleister.

Fred hat diesmal Tagesdienst und nickt ein. Ein Mann kommt zu ihm an den Schalter, spricht ihn an und fragt ihn, warum er während der Dienstzeit schläft. Selbstverständlich ist jetzt eine Entschuldigung vonnöten verbunden mit dem Versprechen, dass das nicht ein zweites Mal passiert. Nicht so Fred. Er brüllt sein Gegenüber an, was ihm einfiele, ihn zu wecken?!...Dumm nur, dass der Angeschriene nicht irgendwer, sondern ein „hohes Tier" des Lagers ist. Fred wird daraufhin nicht nur von dort entfernt.

Bereichsleitende haben in unserem Gewerbe sehr lange Arbeitstage und wären froh, wenn sie „nur" 228 Stunden pro Monat arbeiten müssten. Hinzu kommt ein hoher Leistungsdruck, verbunden mit einer sehr hohen Verantwortung. Gerd P aus Köln scheint nicht nur mit letzterem überfordert zu sein, gehört aber wohl den Menschen, die sich das nicht eingestehen können und sucht Hilfe im Alkohol. Er hofft, dass es niemand merkt. Die ihm unterstellten bekommen es aber trotzdem mit, denn es ist zu riechen.

Es geschieht in einem Fabriklager in Rostock. Thomas J ist ein sehr beleibter Sicherheitsmitarbeiter und versieht seinen Nachtdienst an einem der Empfangsschalter. Auf einmal überkommt ihm sagen wir mal ein allzu menschliches Bedürfnis, das er besser unter Kontrolle gehalten und privat ausgelebt hätte. Was aber nutzt ein williger Geist, wenn das Fleisch schwach ist?

Der junge Mann hat auf der rechten Seite des Tisches eine Dose Hundefutter und auf der linken, bezeichnen wir es mal als ein „Heft für Erwachsene." Von einer korrekten Sitzhaltung kann hier keine Rede sein und eine seiner Hände befindet sich etwas unterhalb der Gürtellinie!...Dämlich nur, dass Herr K kurz vor Dienstschluss vorbei kommt. Der ist sein Chef. Thomas darf sofort seinen Hut nehmen. Ob er in einem anderen Unternehmen eine neue Anstellung bekommen und aus diesem Vorfall gelernt hat, ist nicht bekannt.

Reiner L ist neu in einem Amt in Speyer und hat noch selten Nachtdienste in der Nebenpforte des Hauses gemacht. Eines Tages ist es wieder soweit. Seine Schicht beginnt um 18:00 Uhr und endet um 6:00 Uhr früh. Alle zwei Stunden muss Reiner erst eine Außenrunde um das Gebäude und danach eine Runde im Objekt machen. Ist kein Graffiti an einer Hauswand angebracht? Sind alle Fenster zu oder scheint vielleicht noch irgendwo ein Licht in die Dunkelheit hinaus?

Ist im Gebäude keine Tür, die verschlossen sein muss, vergessen worden? Hat Reiner jeden Kontrollpunkt mit seinem Datenlesegerät erfasst? Gegen Mitternacht ist es wieder soweit, Reiner will sich wieder „auf Runde" begeben und ruft um Bescheid zu sagen in der Hauptpforte an. Die ist nachts mit zwei Kollegen besetzt, diesmal sind es Heidi T und Sören N, der nun zur Nebenpforte kommt, weil die kleine, wie auch die große Pforte, immer besetzt sein muss. Sören ist Mitte zwanzig und hat seine gleichaltrige Freundin Vera R, die als Reinigungskraft in derselben Behörde arbeitet, im Schlepptau.

Dem Pärchen ist klar, dass Reiner das nicht ganz unkomplizierte Gebäude noch nicht so gut kennen kann und für seinen Kontrollgang länger als die Alteingesessenen braucht. Umgedreht ist ihm, der doppelt so alt wie die beiden ist, durchaus bewusst, dass sie in der Nebenpforte nicht nur Händchen halten werden. Zudem hat Vera längst Feierabend und hat somit nichts mehr im Gebäude zu suchen. Aber was soll der Neue machen? Er lässt sie gewähren, es bleibt ihm nichts anderes übrig.

Niko B ist Anfang zwanzig, stammt aus der so genannten Oberschicht und ist der einzige Sohn. Groß geworden in einem noblen Vorort in Hamburg, fängt er direkt nach der bestandenen 34a-Sachkunde-Prüfung in der Hansestadt in einer Druckerei als Wachmann an. Das er aus den wie er meint „besseren Kreisen" stammt und sich „selbstverständlich für etwas besseres hält," lässt Niko die Kollegschaft nur allzu gern spüren und nicht nur das.

Mit Vorliebe ruft er bei der Einsatzleitung an um Meldung zu machen, wenn jemand zu spät zum Dienst erscheint. Warum dem so ist, ist dabei völlig Wurscht. Außerdem trägt er Quarzsandhandschuhe, die aufgrund ihrer verstärkenden Schlagkraft verboten sind. Sie sehen auf den ersten Blick wie normale Lederhandschuhe aus, erst auf den zweiten Blick ist ihre Gefährlichkeit als Waffe zu erkennen. Eines Tages ist Niko nicht mehr in der Druckerei und die Sicherheitsfirma gibt ihm trotz der Vorfälle noch eine Chance, sich in einem anderen Einsatzort zu bewähren. Als er es auch dort nicht schafft, sein Verhalten zu ändern, wird er entlassen.

Diese kleine Auswahl soll erst einmal genügen, denn all solche Vorfälle sind es, die den Ruf der Sicherheitsdienste in den Schmutz ziehen. Das gilt erst recht, wenn noch schlimmere Fälle medial an die Öffentlichkeit gelangen. Denn Wachpersonal, das dunkelhäutige Menschen diskriminiert oder gar verprügelt, benimmt sich absolut daneben und lädt nicht nur zum Fremdschämen ein. Es passt ganz einfach nicht in unser Gewerbe hinein.

Fehlerhaftes Verhalten gibt es nicht nur beim Sicherheitspersonal. Getreu nach dem Motto, „die Wachleute werden schon nicht aufmucken" kann es durchaus vorkommen, dass der Betriebsrat statt die Interessen der Arbeit*nehmenden* die der Arbeit*gebenden* unterstützt.

Sabrina K arbeitet auf einer Großbaustelle in Bochum. Der Bereichsleiter ist mit ihrer Arbeit zufrieden, es stört ihn nicht, dass Sabrina auf dem rechten Ohr fast taub ist, also auf dem linken Ohr „praktisch nur in Mono" hören kann, wie es ihr ein Hörakustiker ihr gegenüber einst gesagt hat.

Der Objektleiter sieht das ganz anders. Was ist, wenn die Kollegin beispielsweise einen herannahenden Bagger nicht rechtzeitig hören kann oder ihr ein Balken auf den behelmten Kopf fällt, weil sie zu spät das von der Decke kommende Krachen wahrnimmt? Der Betriebsrat teilt seine Bedenken und stimmt einer Vertragsauflösung inklusive Abfindung zu.

Dem Geschehen ist so gesehen erst einmal kein Vorwurf zu machen. Das Leben und die Gesundheit von Sabrina stehen für den Objektleiter wie für den Betriebsrat an erster Stelle. Ist also wirklich alles in bester Ordnung?

Bei der Abfindung handelt es sich um eine angemessene Summe, mit der Sabrina einen weiterführenden Lehrgang teilweise aus eigener Tasche zahlen kann, den Rest steuert ihr Ehemann bei. Als sie sich fünf Monate später bei derselben Wach- und Sicherheitsfirma um eine Empfangsstelle in einem Krankenhaus bewerben will wird ihr mitgeteilt, dass sie wegen der angenommenen Abfindung für drei Jahre gesperrt ist.

Pikant bei diesem Vorfall ist, dass Sabrina wegen ihrer geminderten Hörfähigkeit zu 50 Prozent Schwerbehindert ist und der Betriebsrat davon Kenntnis hatte. Dieser hat sie in puncto Sperrung schlichtweg fallen lassen anstatt sie unterstützend zu informieren und zu beraten. Zudem handelt es sich bei der Sicherheitsfirma um ein europaweit agierendes Unternehmen. Das die Großbaustelle in den Augen der Verantwortlichen   zu riskant war, ist nicht der Punkt.

Die Frage ist, ob *wirklich* kein geeigneter Arbeitsplatz für Sabrina K zu bewerkstelligen war. Auch da hat der Betriebsrat schlichtweg versagt.

WIR SIND ÜBERALL
Noch einmal auf die Schulbank

Fangen wir mal ganz von vorne an. Wer vor dem 1. März 1996 im privaten Sicherheits- und Wachgewerbe arbeitet, braucht sich meines Wissens um eine Weiterbildung prinzipiell keinen großen Kopf zu machen. Sie oder er hat genug Berufserfahrung, weiß also, wo der Hase lang läuft. Für alle anderen, die dort anfangen möchten heißt es:

noch einmal rauf auf die Schulbank. Die dazu gehörende Zugangsvoraussetzung ist allerdings ein grundsätzlich sauberes Führungszeugnis.

Abgesehen von den Jüngeren, deren reguläre Schulzeit fast noch gestern war, ist es für die Mehrheit oftmals schwierig, wieder zur Schule zu gehen, was wie schon erwähnt an der Alterung unserer Gesellschaft liegt. Soweit ich weiß kommt Das Gros entweder von der Agentur für Arbeit oder vom Jobcenter und bereitet sich auf die „Sachkundeprüfung gemäß Paragraph 34a Absatz 1 Satz 5 der Gewerbeordnung" vor, um sich nach bestandener Prüfung *Sicherheitsfachkraft* nennen zu dürfen und fremdes Eigentum bewachen darf.

Die Prüfungen, die von den Industrie- und Handelskammern abgenommen werden, haben es in sich. Es geht um das Recht der öffentlichen Sicherheit und Ordnung, Unfallverhütungsvorschriften für unser Gewerbe, den Umgang mit Menschen vor allem in Gefahren- und Konfliktlagen und das Erlernen von Deeskalationstechniken. Damit nicht genug. Denn Passagen aus dem Bürgerlichen Gesetzbuch (BGB) und schließlich Ausschnitte aus dem Straf- und Strafverfahrensrecht inklusive Waffenumgang sowie Grundzüge der Sicherheitstechnik runden das Ganze ab.

Puh, das hört sich alles ziemlich trocken an, ist es teilweise auch. Hier kommt es insbesondere darauf an, wie der Stoff von den Lehrkräften herübergebracht wird. Gute Schulungsstätten sind das eine, den angebotenen Stoff auch aufnehmen zu wollen ist das andere.

In der Lehrstätte, in der ich damals meinen 34a-Sachkundeschein gemacht habe, waren einige dabei, die den Unterricht mehr oder weniger massiv störten, weil sie gar keine Lust hatten, Sicherheitskraft zu werden. Alles, nur nicht in dieser Branche tätig werden, in denen sie nicht nur nachts, sondern auch an Wochenenden und Feiertagen arbeiten müssten. Dazu der ihrer Meinung nach auch noch viel zu geringe Verdienst, nein, bitte nicht, auf gar keinen Fall.

Damals haben mir einige berichtet, dass sie vom Jobcenter kämen und ihnen die staatliche Unterstützung gestrichen würde, wenn sie sich widersetzten. Ob das stimmt oder nicht, kann ich nicht beweisen, schon gar nicht im Einzelfall. Jedoch halte ich all das nicht für gänzlich aus der Luft gegriffen. Letztlich aber haben die Störenfriede diejenigen, die lernen und weiterkommen wollten, auch hier wieder mehr oder weniger daran gehindert.Übrigens: manche, die die entsprechende finanzielle Möglichkeit haben, zahlen sämtliche Gebühren auch selbst.

Das war nicht nur bei mir so. Über dem 34a-Lehrgang steht in der Lehrgangs- und Ausbildungshierarchie die Geprüfte Schutz- und Sicherheitskraft (GSSK) als eine vom Staat *anerkannte* Ausbildung, die eine hervorragende Job-Garantie beinhaltet. Jedoch nicht ganz ohne Probleme, wie der folgende Fall zeigt.

Kommen wir zu Annette aus Pirmasens. Nachdem sie viele Jahre als „gewöhnliche Wach- und Sicherheitskraft" gearbeitet hat, geht die heute 51jährige nochmals auf die Schulbank, um sich zur

GSSK weiterzubilden. Die Wachfrau besteht sie die Prüfung vor der Industrie- und Handelskammer mit Bravour. Ein neuer Job lässt nicht lange auf sich warten, zusammen mit ihrem Mann, der jedoch nur den 34a-Sachkundeschein besitzt, fängt sie in einem Pirmasenser Wachbetrieb an zu arbeiten.

Die Sache hat allerdings einen Haken, Annette ist für das Unternehmen als GSSK schlicht und einfach zu teuer. Um nicht arbeitslos zu sein, fängt sie wie ihr Mann als Sicherheitsfachkraft an, bewirbt sich aber weiterhin um einen Arbeitsplatz, der ihrem Ausbildungsstatus entspricht. Dafür ist sie bereit, in eine andere Stadt zu ziehen, auch weiter weg. Annette hat Glück, ein Umzug ist nicht nötig, sie arbeitet weiterhin in Pirmasens als GSSK in einem anderen Unternehmen, inklusive einem dementsprechenden Lohn. Trotz Personalmangel ist es für eine Geprüfte Schutz- und Sicherheitskraft nicht immer einfach, eine entsprechende Arbeit finden zu können. Viele Wachfrauen und -männer würden sehr gern den Weg gehen, den Annette gegangen ist. Aus Sorge, dann nicht dementsprechend bezahlt zu werden, verzichten sie darauf. Nicht zu Unrecht, wie wir gerade gesehen haben.

In der Tat gibt es, soweit mir bekannt ist, Unternehmen, die begierig auf das Wissen und Können einer GSSK setzen, sie aber als 34a-Kraft bezahlen möchten, oft, weil sie es finanziell selbst wenn sie wollten nicht anders können. Das Problem sind hier nicht die Netto- sondern die Bruttolohnkosten, welche die Lohnkosten fast verdoppeln. Ein gravierendes Problem, auf das ich noch eingehen werde.

Allgemeines zu den Empfangsdiensten

Nach eigenem Erleben sind die Zeiten, als wir lediglich die Schranken rauf und wieder runter ließen sind lange vorbei. Das Aufgabengebiet und somit die Anforderungen an uns sind stetig gewachsen. Personen- und Kfz-Kontrolle gehören heutzutage zum Standard. Dabei kommt der Rechner immer öfter zum Einsatz.

Demzufolge wird technisches Verständnis seitens der Geschäftsleitungen immer mehr von uns verlangt. Computerspezies müssen wir zwar nicht sein, wer jedoch von dem Kollegen aus Metall gar keine Ahnung hat, wird zunehmend Probleme bekommen. So verschwindet das Wachbuch und mit ihm alle anderen Formulare aus Papier immer mehr aus dem Verkehr.

Ja, es ist nur noch eine Frage der Zeit, bis all das nur noch im Rechner zu finden sein wird. Das Bedienen eines Druckers und des Faxgerätes sowie dem Telefon kommen noch hinzu. Das Wissen über die Funktionen einer Einbruchs-und Brandmeldeanlage wird als Selbstverständlichkeit vorausgesetzt.

Dabei ist schon das althergebrachte Wachbuch aus Papier für viele schwierig, korrekt zu führen. Nicht nur, dass alles Wichtige, was tags und nachts passiert im Positiven als auch in Negativen darin vermerkt werden muss. Oftmals kommt es hierbei zu Flüchtigkeitsfehlern, sei es ein falsch eingesetztes Datum oder eine vergessene Unterschrift.

Viele Rezeptionen verfügen über einen oder mehrere Schlüsselschränke, in denen die Schlüssel der Beschäftigten aufbewahrt werden. Dabei ist es gleichgültig, ob es sich um ein Amt, eine Fabrik oder was auch immer handelt. Hier sind Schnelligkeit korrektes Arbeiten und Konzentration gefragt, um Ärger vorzubeugen. Schlüssel, die an die falsche Person weitergegeben oder in der Schlüsselliste falsch eingetragen werden, kann in der alltäglichen Routine sehr schnell passieren, ist aber natürlich nur ungern gesehen.

Nicht zuletzt ist kundschaftsorientiertes Denken und Handeln enorm wichtig. Egal wo, Freundlichkeit, Professionalität und Hilfsbereitschaft gehören unbedingt zu *den* Grundvoraussetzungen, um in Empfangsdiensten tätig werden zu können. Leider hapert es nach meinen Erfahrungen vor allem beim Umgang mit Menschen noch allzu oft, glücklicherweise ,wie ich es beobachten konnte mit fallender Tendenz.

Denn gerade in diesem sehr sensiblen Bereich ist Fingerspitzengefühl äußerst wichtig, gerade im Umgang mit den im jeweiligen Objekt direkten Angestellten. Dabei ist es völlig egal, ob es sich um die Direktorin oder den Hausmeister handelt. Alle müssen grundsätzlich in gleicher Weise freundlich und zuvorkommend bedient werden. Das ist alles andere als immer leicht, hinzu kommen persönliche Sympathien und Antipathien und die eigene Laune ist auch nicht immer die beste.

Eigene Befindlichkeiten hintanzustellen ist eine Kunst. Lächeln, auch wenn es schwer fällt, gerade wenn das Gegenüber vor Arroganz strotzt oder herumschreit. Gedanken sind frei, Worte aber nicht immer. Jetzt gilt es, wenigstens äußerlich ruhig zu bleiben und freundlich aber bestimmt Grenzen zu setzen, was deutlich schwieriger ist, als es scheint. Wer ein wenig Schauspielern kann, bringt für Empfangsdienste schon mal eine gute Voraussetzung mit.

Manchmal sind die Beschwerden, die von dem angestammten Personal des jeweils zu betreuenden Objektes oder die von den Gästen kommen, einfach nur lächerlich. Erfahrene Empfangskräfte wissen das und merken sehr schnell, ob eine Kritik berechtigt ist oder eben nicht.

Beim täglichen Umgang mit allen, die sich am Empfangstresen sehen lassen, egal ob Angestellte oder Gäste, ist es immer gut, deren Mimik zu beobachten.

Nicht alle wollen verbal begrüßt oder verabschiedet werden, ein Lächeln oder Kopfnicken reicht manchmal völlig aus. Wird diese ungeschriebene Regel missachtet gilt leider: gut gemeint ist nicht gut gemacht.

Im Jobcenter und in der Bundesarbeitsagentur

All das, wovon ich jetzt berichte, beruht auf eigenen Erlebnissen als Wachmann in ebendiesen Ämtern. Wer als Wachfrau oder Wachmann in einem dieser Behörden Dienst tut, hat es gut. Keine Wochenend- und Feiertagsarbeit, Nachtdienste fallen ebenfalls weg. An den 12-Stunden-Schichten kommt die Sicherheitskraft zwar nicht vorbei, schon gar nicht am *„SchlaDo"*, dem *„Sch*eiß´*-la*ngen*-Do*nnerstag,"* an dem selbst die im Amt direkt Beschäftigten von 8:00 bis 18:00 Uhr arbeiten. Dafür ist freitags um 14:00 Uhr Schluss. Für alle. Auch für die Wach- und Sicherheitsleute.

Wer nun meint: „Hurra, eine 4-Tage-Woche, denn mittwochs hat das Amt zu!" hat etwas vergessen. Von wegen jetzt wird die Woche geteilt und ich habe frei, nee, kommt nicht hin. Denn auch an diesem Tag sind die Angestellten vor Ort und arbeiten all das ab, was aus welchen Gründen auch immer während der Öffnungszeiten liegen bleiben musste.

Wirklich für alle geschlossen haben weder die Bundesarbeitsagenturen noch die Jobcenter, denn arbeitssuchende, die einen Termin haben, dürfen nicht nur, sie *müssen* reinkommen können.

Die Sicherheitskräfte sind auch da und gibt es mal Ärger mit der so genannten „Kundschaft," werden sie gerufen. Das kann zuweilen sehr schnell geschehen, womit wir jetzt zu den unangenehmen Seiten des Jobs kommen.

Jede und jeder soll ihre oder seine eigene Fahne haben, wenn es denn so sein soll. Wer aber angetrunken zum Termin erscheint, bleibt draußen. Dasselbe gilt auch und gerade für die privaten Wachleute, wobei Letztere mit Sicherheit ihren Hut nehmen dürfen um sich in das Heer einzureihen, das sie vorher bewachten. Zur Ehrenrettung unserer Branche kann ich jedoch mit Bestimmtheit sagen, dass mir ein derartiges Vorkommnis noch niemals zu Ohren gekommen ist.

Zurück zu denen, die noch da sind. Während es in den Agenturen für Arbeit wesentlich seltener Ärger gibt, sieht das in den Jobcentern weitaus weniger entspannt aus, was umso mehr gilt, wenn diese in den sozialen Brennpunkten der Großstädte liegen und die Polizei von montags bis freitags fast täglich gerufen werden muss. Auf diese Gruppe möchte ich hier näher eingehen.

Von den Hilfesuchenden, die hierher kommen, haben die wenigsten eine feste Arbeit und wenn, dann eher in einem so genannten „einfachen" Ausbildungsberuf oder als Hilfskraft. Ein Großteil von ihnen kann weder eine abgeschlossene Schul- noch einen Ausbildungsabschluss nachweisen, hat aber dafür öfters ein auch vom Staat genährtes Anspruchs- und Besitzstandsdenken, das zum Himmel schreit!

Gesellt sich dazu noch eine sehr geringe Frustrationstoleranz die mit einer mit hohen Gewaltbereitschaft gepaart ist, kann die Lage sehr schnell eskalieren.

Das nicht nur einzudämmen sondern möglichst ganz und gar zu verhindern ist eine der Hauptaufgaben des dort eingesetzten Sicherheitspersonals. Jetzt deeskalierend auf den oder gar nicht mehr so selten *die* Harzt-IV-*Empfängerin* einzuwirken und gleichzeitig durchsetzungsfähig zu sein, damit wieder Ruhe einkehrt, ist Schwerstarbeit.

Erschwerend kommt hinzu, dass die so genannten Kunden, in meinen Augen *Bittstellende,* genau wissen, wessen Interessen die Wachleute vorrangig unterstützen sollen und das sind nicht ihre, sondern die des Amtspersonals. Zu all den bereits vorhandenen Enttäuschungen kommt noch das Wissen um die eigene Ohnmacht hinzu. Ihnen ist durchaus bewusst, dass sie vor allem dann in unserer Leistungsgesellschaft verloren haben, wenn sie weder einen Schul- noch Ausbildungsabschluss geschafft haben.

Den Harzt-IV-Empfangenden jegliche Schuld für ihre oft verzweifelte Lage abzusprechen hieße ihnen zu unterstellen, für sich selbst keinerlei Verantwortung übernehmen zu *können*. Ich habe es erlebt, dass auch eingesehen wurde, *selbst* mit- oder gar hauptschuldig an der eigenen Situation zu sein. Leider gab und gibt es auch diejenigen, die anscheinend keine Chance hatten zu lernen, eigenes Fehlverhalten zu erkennen, um es positiv verändern zu können.

Viele Leistungsempfangende bemühen sich um Arbeit, nur eine Minderheit lässt sich hängen, aus welchen Gründen auch immer. Aber wenn eine 53jährige Altenpflegerin trotz großer und redlicher Anstrengungen trotz des Arbeitskräftemangels keine Anstellung bekommt, kann ich das einfach nicht verstehen.

Zurück zur Wiederherstellung des Hausfriedens. Wenn nichts mehr hilft, dürfen wir den oder die Randalierende zwar festnehmen, aber nur bis die gerufene Polizei kommt, denn wir privaten Sicherheitsleute sind nicht beamtet und haben nur so genannte Jedermannsrechte, wozu unter Umständen auch eine kurzfristige Festnahme erlaubt ist. Alles Weitere obliegt den Staatsorganen.

Ein weiteres Problem ist die Überforderung und das gilt für alle drei Seiten. Erstens habe das Amtspersonal, wie mir selbst berichtet wurde, ständig neue Vorschriften zu beachten. Zweitens würden die Hilfesuchenden nach ihren eigenen Angaben des öfteren in erkennbar absolut sinnlose Maßnahmen gezwungen. Drittens treten nur allzu oft Situationen auf, für die das Sicherheitspersonal schlichtweg nicht ausgebildet ist. Hier mangelt es an Schulungen für private Sicherheitsmitarbeitende. Mir persönlich ist jedenfalls kein Wachbetrieb bekannt, der dementsprechende Lehrgänge anbietet.

Zu guter Letzt gehört aber auch folgendes noch dazu: Die Wachfrauen und -männer, die in den Jobcentern arbeiten, haben bei einigen Hartz-IV-Beziehenden, nicht gerade den besten Ruf. Die Erstgenannten sind daran nicht immer ganz unschuldig. Manchmal schlagen sie einen herablassenden Ton selbst dann an, wenn sich die Hilfesuchenden freundlich und korrekt verhalten.

In den Bundesarbeitsagenturen sind die Dienste zumindest für die Wachdienste eher stressfrei, was auch daran liegt, dass hier nur die „frischen Arbeitslosen" herkommen. Nach einem Jahr dürfen dann mehr oder weniger viele von ihnen zum Jobcenter gehen und finanzielle Unterstützung beantragen. Dürfen? Wieso *dürfen?* Weil diese Möglichkeit, trotz aller in der Tat bestehenden Probleme, weltweit ein Privileg darstellt, wie wir später noch sehen werden.

Genereller Einsatz in anderen Behörden und Objekten

In vielen Ämtern und weiteren Objekten sind wir Wachleute neben den Werktagen wenn es gewünscht ist auch an Wochenenden und Feiertagen anzutreffen. Das kenne ich aus meinem eigenem Leben zur Genüge. Beliebt sind diese Dienste trotz der Zulagen insbesondere dann nicht, wenn das Wachpersonal nur in der Pförtnerloge sitzen und aufzupassen muss, dass niemand Fremdes das Objekt betritt.

Lesen ist laut Dienstanweisung nur erlaubt, sofern es sich um einschließlich dienstliche Informationen des Sicherheitsbetriebes oder der/des Auftraggebenden handelt. Falls der Wachbetrieb eine Zeitschrift herausbringt, darf auch in der sehr gern geschmökert werden.

Darin erfährt das geneigte Wachpersonal, wie großartig sich „ihr" Unternehmen auf dem Markt behauptet und wer sich heldenhaft im Dienst verhalten beziehungsweise allzu groben Mist gebaut hat. Total spannend oder viel Selbsthudelei vom Feinsten? Ansichtssache.

Für jedes Objekt gibt es eine spezielle Dienstanweisung, die zu Beginn der jeweiligen Tätigkeit nicht nur gelesen, sondern auch mit dem aktuellen Datum unterschrieben werden muss. Damit dokumentiert die Wach- und Sicherheitskraft, dass sie sich über die anstehenden Aufgaben informiert und verstanden hat. Zudem weiß sie, in Gefahrenlagen richtig zu reagieren. Dieses Prozedere muss sie, so steht es schwarz auf weiß geschrieben, alle drei Monate wiederholen.

Diensthandys und -tablets privat zu nutzen ist verboten. Außerdem geht das in fast aller Regel sowieso nicht, denn die Dinger sind für die private Nutzung gesperrt. Im Diensthandy sind nur die von der Chefetage eingespeicherten Nummern erreichbar; sollte das nicht so sein und private Rufnummern können angewählt werden, Vorsicht! So etwas kann immer nachverfolgt werden.

Für Rechner gilt meistens das gleiche, was auch an den betreffenden Computerbildschirmen für alle sichtbar explizit am oberen Rand steht: „Nur für den dienstlichen Gebrauch!" Selbstverständlich sind alle Internet-Seiten, die nicht beruflicher Natur sind, gesperrt. Falls es jemand schafft, die Sperre zu überwinden und meint, andere Seiten oder gar Pornoseiten aufmachen zu können, siehe oben!

Einen eigentlich sicheren Arbeitsplatz auf eine solch dumme Sache zu gefährden, dazu gehört schon was. Was für nicht-dienstliche Druckerzeugnisse gilt, betrifft auch das benutzen von Radios und Fernsehern. Es ist schlicht und einfach untersagt. Bei all den Verboten geht es um zwei Ziele, nämlich, sich allein auf die Arbeit zu konzentrieren und um unnötige Kosten zu einzusparen, was am Ende durchaus vernünftig und richtig ist.

Trotz aller gebotener Vernunft, viele Verbote werden in einer großen Anzahl von Pforten und Empfangstresen stets und ständig umgangen, nachts mehr als tagsüber. Alle Geschäftsleitungen wissen das und lassen das Sicherheitspersonal gewähren, sofern es im Rahmen bleibt. Nicht nur, weil es menschlichem Verhalten entspricht, Verbotenes zu tun, sondern auch, weil sie schlichtweg wenig dagegen unternehmen können.

Allerdings setzen einige Wachunternehmen eigene Kontrollinspekteure, so genannte „KIs" ein, um zu kontrollieren, ob sich die Wachkräfte korrekt Verhalten, selbstverständlich unangemeldet.

Aber auch ein KI kann nicht überall sein. Übrigens wo wir gerade dabei sind: eine *Kontrollinspekteurin* ist mir noch niemals unter die Augen gekommen.

Schade, aber was nicht ist, kann ja hoffentlich noch kommen.

Es werden, Verbot hin oder her, durchaus private Bücher, Zeitschriften und Zeitungen gelesen, letztere betreffen eher die Regenbogenpresse wie die „TZ" in München, die „BZ" und der „Berliner Kurier" in Berlin oder den „Express" in Köln. Die „BILD-Zeitung" ist überall sehr beliebt.

Dass außerdem eigene Fernseher, Tablets, Smartphones und Radios während der Arbeitszeit zur Zerstreuung in Pforten jeglicher Art trotzdem genutzt werden ist ein offenes Geheimnis. Insofern dadurch die „Leerlaufzeiten" überbrückt werden können ist das durchaus verständlich, sofern die eigentliche Arbeit nicht darunter leidet.

Es gibt aber auch Menschen wie Manuela T aus Bremen. Eingesetzt wird die Gute in einer Behörde, in der die Pforte ganzjährig 24 Stunden besetzt sein muss. Pro 12-Stunden-Schicht ist immer nur eine Wachkraft vor Ort. Manuela folgt konsequent den Vorgaben der Dienstanweisung. Selbst das Radio bleibt bei ihr ausgeschaltet. Dass die Kollegschaft gern über sie lacht und das vornehmlich hinterrücks, stört sie nicht im Geringsten.

Natürlich existieren auch Ämter und andere Objekte, in denen während eines 12-Stunden-Dienstes mehrere Kontrollrunden von ein bis drei Stunden Dauer angeordnet sind. Gern ganzjährig, Tag und Nacht, versteht sich. Kommen neben den Innen- noch Außenrunden hinzu, weiß die Wachkraft nach Feierabend *beileibe,* was sie während ihrer Schicht geleistet hat. Hauptsächlich nach dem erledigten Nachtdienst schmerzen nicht allein die Füße, sie ist am ganzen Leib erledigt und freut sich nur noch auf ihr Bett.

Ein Fahrstuhl ist, sofern vorhanden, für uns tabu. Das gilt an Werktagen und umso mehr nachts sowie an Wochenenden und Feiertagen. Laufen statt fahren ist nicht nur in Behörden, sondern in allen anderen Objekten, die wir betreuen, angesagt. Dabei ist es Jacke wie Hose, ob das Gebäude wenige oder viele Etagen hat. Setzt sich eine Wachkraft darüber hinweg und bleibt im Fahrkorb stecken, muss sie die Befreiung aus demselben selbst blechen. Recht so, das Verbot steht in jeder Dienstanweisung und dürfte nach meinen Erfahrungen allen Beteiligten mehr als bekannt sein.

Auf dem Bau

Bei der Baustellenbewachung gibt es nach meinen Erfahrungen den „einfachen" und den „gehobeneren" Wachdienst. Generell gilt, dass die Wachleute, die von ihrem Betrieb dort eingesetzt werden, wettererprobt sein sollten.

Baustellen, auf denen im Schichtbetrieb gearbeitet wird, gibt es zuhauf, sie stellen nach meinen Erfahrungen sogar die Mehrheit dar. Das schließt natürlich auch die mit ein, die das ganze Jahr ohne Unterbrechung bewacht werden müssen. Wir Wachleute sind dann auch vor Ort, wenn die Bauarbeiter frei haben. Dafür haben wir frei, wenn die Bauleute zur Arbeit gehen müssen. Stichwort Schichtarbeit. Die ausgleichende Gerechtigkeit ist prinzipiell vorhanden.

Kommen wir erst einmal zur „einfachen" Variante. Richtig hart trifft es die Sicherheitsleute, die fast ständig draußen sein müssen. Egal, ob bei großer Hitze die Sonne brennt, es regnet oder schneit, grundsätzlich gilt es, draußen zu sein und die Baustelle zu bewachen, sie zu bestreifen und Präsenz zu zeigen. Freilich dürfen wir uns auch so dann und wann im Wachcontainer aufzuhalten.

Wenn es allzu stark stürmt, regnet oder schneit, die Sonne allzu sehr brennt oder die Hitze viel zu heftig ist, darf der Container für eine gewisse Zeit aufgesucht werden.

Zuweilen klappt das aber nicht immer, wie folgender Fall auf einer Baustelle in Frankfurt/Main zeigt: Clemens A ist von eher „einfachem" Gemüt und muss eine Baustelleneinfahrt bewachen. Diese befindet sich ausgerechnet an einer Stelle, an der er kaum die Chance hat, sich unterzustelleSeine Schicht dauert 12 Stunden. So brennt die Sonne an einem heißen Sommertag fast die ganze Zeit auf ihn ein herab. Zum Feierabend ist Clemens` Glatze, sein Kopf und sein Hals krebsrot. Ist der Wachmann nicht selbst schuld, dass seine Haut so sehr verbrannt ist?

Die Position, auf der Baustelle kennt er nicht erst seit gestern. Hätte er sich nicht vorher mit einer Sonnencreme mit sehr hohem Lichtschutzfaktor einschmieren und sich wenigstens eine Schirmmütze aufsetzen können? Natürlich. Hat der Wachbetrieb am Ende in dieser Hinsicht eine Fürsorgepflicht und hätte er nicht nur für die Durchführung einer vernünftigen Ablösung sondern auch für einen einfachen Sonnenschirm unbedingt sorgen müssen? Soweit mir bekannt ist, wäre das der Fall gewesen.

Das Aufgabengebiet mag von den mentalen Bedingungen auch für einfache Gemüter wie gemacht sein, körperlich anstrengend ist es allemal. Meiner Erfahrung nach wird diese Tatsache nicht nur von denen, die in unserer Branche arbeiten, viel zu oft übersehen und nicht nur das.

Gut, dass es Nachtdienste gibt. Denn zum einen gibt es neben den gerade beschriebenen so genannten „einfach Gestrickten" auch die Sorte von Menschen, die am liebsten nachts tätig sind und sich selbst als „Nachteulen" bezeichnen. Wieder andere arbeiten lieber allein als im Team.

Eine weitere Gruppe bilden für mich diejenigen, die zu den sozial Benachteiligten gehören. Diese nicht nur männlichen Wachkräfte weisen im Umgang mit ihren Mitmenschen einfach zu viele soziale Defizite auf und sind für den Einsatz im Pforten- und Empfangsdienst ungeeignet.

Ihnen bleibt nur ein Arbeitsplatz, an dem sie allein arbeiten können und das möglichst nachts auf einer Baustelle oder einem anderen für sie geeigneten Objekt. So kann unser Berufszweig auch denen eine Chance und eine Lebensperspektive geben, die sonst eher leer ausgehen.

Drehkreuze sind heutzutage für die Zugangskontrolle auf vielen Baustellen normal. Denn nicht jeder, der wie ein Bauarbeiter aussieht oder einer zu sein scheint, darf die Baustelle betreten. Ein Rechner erfasst die dafür notwendigen Daten und erlaubt oder verwehrt den Zugang. Auf diesem Weg gelangen nur die dazu berechtigten Bauschaffenden mit ihren gültigen Bauausweisen zu ihrem Arbeitsplätzen. Die Sicherheitskraft hat die Aufgabe, all das zu beobachten und springt ein, wenn es Probleme gibt. Leider kann es immer mal wieder passieren, dass ein Bauarbeiter nicht durch die Zugangskontrallanlage kommt, obwohl sein Ausweis noch gültig ist. Wer dann anzurufen ist um das Problem zu lösen, regelt die auf das entsprechende Objekt zugeschnittene Dienstanweisung. Kommen wir jetzt zu den etwas anspruchsvolleren Aufgaben, die selbstverständlich in entsprechenden Listen dokumentiert und in den dafür bereit gestellten Ordnern oder im Rechner belegt werden müssen.

Es gibt Kontrollcontainer, in denen die besagten Bauausweise mit einem Drucker, der mit einem Rechner verbunden ist, hergestellt werden. Um das zu bewerkstelligen sendet die Bauleitung eine E-Mail, in der alle personenbezogenen Daten der Bauleute stehen, die entweder neu hinzu kommen oder deren Ausweise von der Sicherheitskraft eingezogen werden, weil sie die Baustelle verlassen. Um deren Daten vor eventuellem Missbrauch zu schützen, werden sie von ihr geschreddert.

Bevor ein Bauausweis hergestellt werden kann, muss die Wachkraft den Bauarbeiter fotografieren und die Daten, die in seinem Reisepass oder Personalausweis stehen mit denen in der E-Mail vergleichen. Wenn alles stimmt, wird „die Eintrittskarte" ausgedruckt. Auch die Pflege des Druckers obliegt der Sicherheitskraft und das ist nicht immer so einfach, wie es aussieht. Sie muss wenigstens eine gute Fingerfertigkeit beweisen.

Hierzu noch eine Begebenheit, die sich in Aachen in einem Baubewachungs-Container abgespielt hat. Was eine gewisse Fingerfertigkeit angeht, muss diese nicht

unbedingt selbst aktiv angegangen werden.
Der Sicherheitsmann Dirk M arbeitet mit seinem Kollegen Klaus J an einem herrlichen Frühlingstag zusammen, als ihm auffällt, dass Dirk, der genau an dem Fenster sitzt, wo ihn alle sehen können, auf seinem Handy einen „Kurzfilm für Erwachsene" ansieht. Immer wieder auf's Neue. Darin ist eine Frau allein in einer Straßenbahn zu sehen, die gewisse nicht wirklich jugendfreie Praktiken mit ihren Fingern auslebt. Klaus ist entsetzt.
Wenn, dann soll Dirk gefälligst seinen Film an dem anderen Ende des Containers angucken. Die daran vorbei kommenden Bauarbeiter würden es höchstwahrscheinlich mit Humor sehen, was eher weniger für die Bauleitung und schon gar nicht für ihren Vorgesetzten gelten dürfte!...
Dabei ist es vollkommen egal, ob es bei der Baustellenbewachung mehr oder weniger geistvoll zugeht, gewisse Tätigkeiten sind stets unerlässlich. Neben dem eigentlichen Bauobjekt muss auch der Bauzaun auf Schäden aller Art bestreift und kontrolliert werden. Ist das Bautor, durch das die LKWs fahren, vor allem das Torschloss, in Ordnung? Falls alles gut ist, reicht der Wachbucheintrag aus. Falls nicht, geht zusätzlich eine Meldung an die Einsatzleitung raus, die ebenfalls schriftlich im Wachbuch festgehalten werden muss.
Zur Überwachung von Baustellen können den Sicherheitskräften Kameras zur Verfügung stehen, die mit Monitoren im Baucontainer verbunden sind.
Sie helfen, den Vandalismus zu verhindern und erschweren den Diebstahl teurer Sachen wie beispielsweise das stehlen von Kupferrohren,

Treibstoff oder sogar Maschinen sowie anderer wichtiger, begehrter Dinge, die sich auf dem Bauplatz befinden. So schön das auch ist, wenn elektronische Augen unsere Arbeit unterstützten, auf kleineren, überschaubaren Baustellen fallen sie natürlich aus Kostengründen weg.

In Museen und Galerien

Was noch vor wenigen Jahrzehnten hierzulande vom staatlich-städtischen autorisiertem Personal erledigt wurde, machen inzwischen längst private Wachleute. Dieses Wissen setze ich als bekannt voraus. Eingesetzt wird unsereins an der Garderobe, am Empfang, an der Kasse genauso wie bei den Aufsichten (ich war auch mal eine) und nicht zu vergessen bei den Wachen.
Was das Rauben von Kunstobjekten in Berlin und Dresden betrifft, möchte ich mich hier allein aus urheberrechtlichen Gründen nicht groß dazu äußern, nur so viel sei gesagt: Den Sicherheitsangestellten ist nach meinem Kenntnisstand weder in Berlin noch in Dresden ein Vorwurf zu machen. Beide Vorfälle zeigen, wie notwendig unsere Arbeit ist.
Die Wachen sind ganzjährig rund um die Uhr besetzt. Diese übernehmen Telefondienste und sie sind Ansprechpartner für alle, die im Museum tätig sind, Aufsichten inklusive und nicht zu vergessen für die Besuchenden, wenn sie sich versehentlich in den für sie verbotenen Gängen verirrt haben.
Um solche für alle Beteiligten unschönen Situationen zu unterbinden, sind die Aufsichten da. Denn manchmal achten die Museumsgäste nicht unbedingt

darauf, ob die Tür, vor der sie gerade stehen, als Notausgang dient und ihnen logischerweise nur bei Gefahr offen steht. Die Lösung, um solche Irrtümer weitestgehend auszuschließen, sind alarmgesicherte Türen, die ungebetene Gäste auch zu ihrem Schutz fern halten. Die kosten aber Geld!...

In einer kleinen Galerie, die ich persönlich kenne, ist das trotzdem der Fall. Große, mir ebenfalls bekannte Museen regeln das anders. Dort haben die Aufsichten prinzipiell die Notausgangstüren im Blick. Eine Aufsicht ist aber auch nur ein Mensch und somit fehlbar. Passt sie mal nicht auf, kann jemand ungesehen durch einen Notausgang „flutschen,“ obwohl gar keine Gefahr besteht.

Aufsichten haben gleichzeitig einen schönen, interessanten, manchmal vielleicht aber auch einen langweiligen Job. Da steht sie nun inmitten von imponierenden Kulturgütern in Form von Skulpturen, Gemälden, alten Musikinstrumenten und dergleichen mehr. Vielleicht gefällt ihr sogar die Ausstellung, in der sie eingesetzt wird. Wenn nicht, kann vielleicht in eine andere gewechselt werden.

Neben den oftmals langen Schichten müssen Aufsichten sehr viel stehen, körperliche Fitness ist für sie ein *Muss,* je höher, desto besser. Sich an den Wänden anzulehnen ist verboten. Hinsetzen ist ihnen nur erlaubt, wenn sich niemand von den Gästen in den Ausstellungsräumen befindet und natürlich in den Pausen.

Um diese auch wahrnehmen zu können, kommt der Pausenläufer, der manchmal auch weiblich ist und löst die Sicherheitskraft ab. Glücklich, wenn sie eine Position hat, die recht nahe am Pausenraum ist. Wenn nicht, heißt es sich zu sputen, denn die Wege können lang sein. Die Zeit läuft ab dem Ablösen und beträgt höchstens 30 Minuten!...

Aufsicht zu sein heißt auch aufzupassen, dass die Museumsgäste nicht zu nahe an die Exponate kommen oder sie sogar berühren. Kommt ein Gast zu dicht an sie heran, wird Alarm entweder in nur hörbarer oder hör- und sichtbarer Form ausgelöst, den die Wachkraft möglichst schnell wieder abschalten muss.

Zudem muss sie darauf achten, dass die Besuchenden ihre Taschen zusammen mit ihrer Oberbekleidung in der Garderobe abgegeben müssen. Handtaschen und Rucksäcke dürfen nicht größer als ein DIN-A4-Blatt sein. Wegen der Diebstahlgefahr sind eigentlich noch nicht einmal leichte Sommerjacken erlaubt. Das durchzusetzen fällt hauptsächlich dann schwer, wenn die Galerie oder das Museum stark besucht ist und die Garderobe vor lauter Sachen, die abgeben wurden, quasi überquillt.

Fragen von den Besuchenden, die zu den Ausstellungstücken gestellt werden zu beantworten, ist für die Aufsichten nur sehr begrenzt möglich. Soll heißen, sie sagen, wo die begehrten Exponate stehen, die gesehen werden wollen. Prinzipiell sollte sich eine Aufsicht in „ihrem" Haus auskennen. Sollte das mal nicht sein, hilft eine andere weiter.

Unwissen zuzugeben ist nicht immer leicht, aber immer noch besser, als die Besuchenden „zum weißen Sand" zu schicken. Fachliche Fragen zu beantworten ist absolut nicht die Aufgabe des Aufsichtspersonals, sondern die der Kuratorinnen und Kuratoren.

Sie führen Erwachsene, Jugendliche und Kinder durch die Ausstellungen. Während die Aufsichten bei der erstgenannten Gruppe am wenigsten achtgeben muss, sieht das bei Kindern und Jugendlichen schon anders aus. Nicht nur die Jüngsten, auch manche Jugendliche beiderlei Geschlechts müssen zuweilen immer noch lernen, welche Regeln in Galerien und Museen zu beachten sind. Diese anzusprechen und zu einem korrekten Verhalten aufzufordern wenn sie zu laut sprechen, Exponate berühren oder sogar herumtoben, all das gehört selbstverständlich mit zu ihren Aufgaben.

Von manchen Besuchenden werden die Aufsichten als notwendiges Übel angesehen. Blicke, die durch sie zuweilen sogar herablassend hindurchzusehen scheinen, verraten diese Haltung. Unsereins stört sie beim ungestörten Kulturgenuss. Meines Erachtens handelt es sich hierbei ausschließlich um eine Spezies, die eher aus dem gehobenen Mittelstand stammt oder gar der so genannten „Oberschicht" angehört.

Auch Gäste, die mit ihrem Nachwuchs im Kleinkindesalter in Museen und Galerien kommen, gehören nach dem, was ich nicht nur im Arbeitsleben mitbekomme, eher zu den sich „bildungsnah" nennenden Gesellschaftsschichten. Bildung in jeder Form möglichst früh den eigenen Kleinen beizubringen ist gerade in Deutschland denen höchst wichtig, die sich zu den schulisch besser Gebildeten zählen. Es würde mich zumindest nach dem, was ich seinerzeit mitbekommen habe sehr wundern, wenn dem nicht so wäre.

Dabei wird jedoch beflissentlich übersehen, dass *gerade* in den Kultureinrichtungen viele Wachleute als Aufsichten arbeiten, die ein Abitur nachweisen können oder sogar studiert haben. Auch das von ihnen oft selbst aus „gutem Hause" sind, ist eine Tatsache, die mir durchaus bekannt ist.

Konzerthäuser, Theater, Festivals und Stadien

Wer in Theatern und Konzerthäusern als Wachkraft arbeitet, muss wie überall in einer tadellos sitzenden Arbeitskleidung auftreten. Bei den Damen besteht sie aus einer zumeist weißen oder hellblauen Bluse mit einem Tuch um den Hals, dass sie selbst binden müssen und einem Kostüm in gedeckter Farbe. Die Herren tragen einem Anzug in ebenfalls gedeckter Farbe, dazu ein auch hier meistens weißes oder hellblaues Oberhemd. Der Schlips ist fast immer fabrikmäßig fertig gebunden, die Herren haben es vordergründig oft besser als die Damen, bleiben aber dafür etwas unselbstständiger. Wie es auch sei, gerade in diesen Etablissements gelten Freundlichkeit, Zuvorkommenheit und natürlich die Zurückhaltung der Wachleute als selbstverständlich.
Das Publikum und nicht zuletzt die Auftraggeberin oder der Auftraggeber erwartet von uns nichts anderes. Schließlich ist das private Wach- und Sicherheitspersonal die Visitenkarte des jeweiligen Unternehmens, was überall gleich gilt, auch wenn das wie in Stadien und auf Festivals zuerst nicht sofort augenfällig erscheinen mag. Wer genau hinsieht, erkennt jedoch die wirkliche Qualität der Dienstkleidung recht schnell!...

Das der Genuss alkoholischer Getränke innerhalb von Theater- und Konzertsälen verboten ist und auch befolgt wird gilt als selbstverständlich. Taschenkontrollen sind meines Wissens schlichtweg unnötig. Das Publikum sitzt meistens brav im Saal, klatscht den Kunstschaffenden Beifall, zollt ihnen stehende Observationen oder aber es buht sie schlimmstenfalls aus.

Bekanntlich werden Stadien nicht nur für Sportveranstaltungen, die wir auch betreuen, sondern auch für Konzerte aller Art benutzt. Von Klassik über Volksmusik und Schlager bis hin zu Rock- und Popmusik. Taschenkontrollen sind bei allen Veranstaltungen unerlässlich. Männer dürfen nur Männer und Frauen nur Frauen abtasten. Wer Getränke, egal ob mit oder ohne Alkohol, bei sich hat, muss diese abgeben. Das wichtigste ist hierbei das Finden derselben, denn Flaschen können auch als Wurfgegenstände eingesetzt werden. Deshalb sind sie verboten. Vollste Konzentration ist angesagt, damit alles glatt läuft und nichts übersehen wird. Zum Ende der Veranstaltung kann das Getränk selbstverständlich wieder in Empfang genommen werden.

Auf Festivals geht es von allen Veranstaltungsorten am lockersten zu. Hauptsächlich auf Rockkonzerten und -festivals darf auch unsere Dienstkleidung dem Anlass entsprechend ungezwungener sein. Kostüm und Anzug werden gegen ein Dienstpolo-Shirt und eine Einsatzhose getauscht, auf denen das Firmenlogo des jeweiligen Wachunternehmens zu sehen ist.

Nichtsdestotrotz sind Kontrollrunden unumgänglich. Wer dabei nächtens auf dem Zeltplatz des Festivals unterwegs ist, kann möglicherweise nur allzu private

Geräusche wahrnehmen. So lange sich niemand im Schlaf gestört fühlt, ist alles in Ordnung.
Falls wegen des Lärms Beschwerden kommen, muss die Wachkraft entsprechend einspringen und die Ruhestörenden diskret bitten, etwas leiser zu sein. Hilft auch das nicht, muss die Polizei gerufen werden, um die Nachtruhe wiederherzustellen.

Auf Messen

Ja, auch dort kann einiges passieren. Wobei ich jetzt nicht davon rede, dass etwas stibitzt werden kann. Dafür sind wir ja da, um das möglichst zu verhindern. Der Fall, der jetzt kommt ist eher in die Rubrik „was leider auch geschehen ist" einzuordnen, auch wenn es gar nicht so schlimm zu sein scheint.
Es geschieht mitten in der Nacht auf einem großen Messegelände ganz in der Nähe von Rosenheim. Funkgeräte gehören zum Wachpersonal wie der Verstand zum Gehirn.
Im hier vorliegenden Fall scheint dieser bei den vorwiegend jungen Wachmännern eher gerade ausgeschaltet gewesen zu sein. Zugegeben, eine Landmaschinenmesse gehört vielleicht nicht gerade zu den interessantesten. Die Maschinen sind stark und kräftig gebaut, auf diese muss aufgepasst werden, das ist es dann aber auch.
Was also tun bei so vieler Langeweile? Funkgeräte sind *allein* für den Dienstgebrauch zu verwenden, so steht es in jeder Dienstanweisung und in jeder Funkordnung. Aber wo kein Kläger, da kein Richter. Das gilt tief in der Nacht und auf dem Land „mitten in der Pampa" erst recht.

Gesagt, getan und so lässt der junge Wachmann Alois D ein ein „erotisches Hörspiel für über 18jährige" über den Äther gehen. Alle können mithören, das ist im Wachgewerbe so üblich, denn meines Wissens wird überall Bündelfunk verwendet.

Sicherheitskräfte sind auf keiner Messe mehr wegzudenken. Kontrollrunden müssen tagsüber genauso wie nachts auf dem Gelände gelaufen werden, die Hallenaufsichten arbeiten ebenfalls in Schichten und achten wie ihre Kollegschaft draußen darauf, dass drinnen alles in Ordnung ist. Während der Öffnungszeiten steht das private Wachpersonal den Besuchenden so weit wie möglich mit Rat und Tat beiseite.

Zudem werden die Empfangspforten rund um die Uhr bewacht. Das gilt in gleicher Weise für die Stände der ausstellenden Betriebe. Dort werden die so genannten „Standwachen" postiert, um Diebstahl mögichst weitgehend zu verhindern.

Wer als Sicherheitskraft neben Deutsch auch noch gutes oder sogar fließendes Englisch spricht, ist gerade auf internationalen Messen in Berlin, Frankfurt, Leipzig oder München sehr gern gesehen, bekommt so weit ich weiß deswegen jedoch nicht mehr Geld.

Noch beliebter ist, wer sich in einer oder mehreren slawischen Sprachen gut auszudrücken weiß. Denn viele der Messebauer kommen aus Polen, Tschechien, Russland, Rumänien oder Bulgarien. Englisch oder Französisch hilft da oft wenig weiter.

Falls Sprachkenntnisse auf beiden Seiten fehlen, ist die Verständigung mit Händen und Füßen angesagt. Woher ich das alles weiß? Aus eigenem Mitarbeiten in diesem Bereich.

Flughäfen und öffentlicher Nahverkehr

Wachfrauen und -männer, die auf einem Flughafen arbeiten, wird sehr viel abverlangt, was Belastbarkeit, Teamfähigkeit, Schnelligkeit und ein flinkes Auffassungsvermögen betrifft. Der bestandene Sachkunde-Prüfungsnachweis des Sicherheits- und Wachgewerbes reicht soweit ich weiß hier nicht mehr aus. Luftsicherheitsassistent oder -assistentin möchte es hier schon sein. Dumpfbacken sind in diesem Bereich schon einmal ausgeschlossen.
Die Fähigkeit, in diesem anspruchsvollen Beruf zu arbeiten muss nachgewiesen werden und wird von der Industrie- und Handelskammer geprüft. Schließlich geht es hier um Sicherheit.
Gute bis sehr gute Kenntnisse in puncto Waffen und Sprengstoff sind genauso unabdingbar wie ein absolut gut funktionierendes Augenlicht, um alles gefährliche bei der Röntgenanalyse an der Schleuse sehr fix erkennen zu können und auffälliges Gepäck herauszufiltern. Eine körperlich möglichst gute Fitness ist genauso eine Selbstverständlichkeit wie wenigstens gute Englischkenntnisse.
Allein aus den oben genannten Gründen sind ihre Löhne höher als bei uns 34a-Kräften. Von einer solchen Bezahlung kann die Kollegschaft, die in öffentlichen Verkehrsmitteln deutscher Großstädte für Sicherheit und Ordnung sorgt, nur träumen. Doch bei

allem Respekt: hier genügt der 34a-Sachkundenachweis vollkommen aus und die Verantwortung ist nicht so hoch wie bei den Kolleginnen und Kollegen an den Flughäfen. Nichtsdestotrotz ist die Arbeit Sicherheitsleute in den Bussen, sowie in den U- und S-Bahnen und den Regionalzügen oftmals alles andere als stressfrei, das konnte ich zuweilen als Nutzer des öffentlichen Nahverkehrs selbst beobachten. Das gilt umso mehr an Wochenenden und Feiertagen.

So ist beispielsweise bei Betrunkenen, die ohne Fahrausweis mit den „Öffies" fahren, Ärger sehr oft vorprogrammiert. Steigender Alkoholpegel geht nur allzu oft mit einer steigenden Aggressivität einher. Pöbeleien, Beleidigungen oder gar das androhen physischer Gewalt, mit alldem muss die Sicherheitskraft umgehen können, mehr noch: sie muss darüber stehen, wie immer und überall freundlich aber bestimmend im Ton bleiben.

Damit all das klappt, arbeiten sie in aller Regel zu zweit. Das ist gerade in Konfliktlagen sehr wichtig, damit der Tathergang auch falls notwendig bezeugt werden kann.

Die privaten Wach- und Sicherheitsangestellten stehen oft „mit einem Bein im Gefängnis." Meiner Meinung nach dürfte diese Gefahr für die im öffentlichen Nahverkehr Kontrollierenden durchaus mit am meisten gegeben sein.

Rassistische Übergriffe, die von den Wachkräften ausgehen, die im öffentlichen Nahverkehr arbeiten, sind leider auch ein Thema. In den letzten Jahren sind mir solche Entgleisungen, die absolut nicht akzeptabel sind, immer wieder zu Ohren gekommen.

Denn solche „Kollegen" sind es, die unsere Berufsgruppe immer wieder in den Dreck ziehen und unseren Ruf empfindlich schädigen.

In sozialen Brennpunkten

Dieses Unterkapitel ist nicht deshalb so kurz, weil es mir als unwichtig erscheint, darüber zu schreiben, im Gegenteil. Leider habe ich wenig brauchbare Informationen zu diesem Kapitel „im Netz" finden können, was den Einsatz privater Wachdienste angeht. Aber ich gehe davon aus, dass wir nicht nur in den dort ansässigen Schulen zu finden sind.
Nehmen wir an, dass in diese Welt eine Sicherheitskraft kommt, die eventuell selbst in einem sozialen Brennpunkt aufgewachsen ist. Wenn, dann besitzt sie sogar einen Heimvorteil. Prinzipiell kennt sie ihre „Pappenheimer" aus dem FF, versteht ihre Art, sich auszudrücken.
Deren Gepflogenheiten sind ihr genauso vertraut wie die hohe Arbeitslosigkeit und der schulisch gesehen niedrige Bildungsstand. Am Ende ist es egal, aus welchem„Stall" sie kommt. Hauptsache ist, dass es so weit wie es geht friedlich bleibt.
Einsätze in unseren Problemvierteln dürften rein gar nichts für schwache Nerven sein. Tägliche häusliche Gewalt, Alkohol- und Drogenkonsum gepaart mit Perspektivs- und Hoffnungslosigkeit bei vielen der dort lebenden Menschen erfordert denke ich ein Höchstmaß an Durchsetzungsfähigkeit einerseits aber ebenso ein sehr hohes Einfühlungsvermögen andererseits.

Feste feiern und feste arbeiten

Ob in Behörden, in Produktions- oder Dienstleistungsunternehmen jeglicher Art, alle feiern gerne mal eine Feier und wo fleißig gearbeitet wird, darf das auch so sein. Derlei Gelegenheiten sind Firmenjubiläen, runde Geburtstage, das Verabschieden von langjährigen Arbeitskräften und dergleichen mehr. Sofern ein Bewachungsauftrag vorliegt, der zwischen dem entsprechenden Sicherheitsunternehmen und der oder dem Auftraggebenden geschlossen wird, sind wir auch dort vor Ort. Selbst bei Stadt- und bei Dorffesten ebenso habe ich private Sicherheitsmitarbeitende gesehen. All das ist inzwischen normal und gehört in unserem Leben einfach dazu.
Zuweilen können Wachhabende interessante Begebenheiten beobachten, wie sich das Verhalten der Menschen durch Alkoholeinfluss verändern kann. Nehmen wir hier einmal eine Betriebsfeier in einer Fabrik, irgendwo in Deutschland.
Da flirtet die ansonsten streng-disziplinierte Abteilungsleiterin mit dem eher ungezwungenen Prokuristen, was der Wachkraft bei ihren spätabendlichen Kontrollrundgängen natürlich nicht verborgen bleibt, aber selbstverständlich diskret für sich behält. Am nächsten Werktag ist dann alles so, wie es schon immer war.
In Sicherheits- und Wachbetrieben finden Betriebsfeiern für das „Fußvolk" eher selten bis gar nicht statt. Falls doch, dann nach meinem Erleben mehr mittelständischen bis in den ganz großen Unternehmen.

Viel mehr gilt die Devise, dass Feiern jeglicher Art zum Geldverdienen da sind, was ja auch wie gesehen seinen Reiz haben kann.

Ein Umdenken in den Chefetagen? Niemand schneidet sich gern ins eigene Fleisch. Dabei können Betriebsfeste auch zur Verbesserung des Arbeitsklimas und somit zur Steigerung der Arbeitsmotivation beitragen, was sich wiederum positiv auf die Gewinnerwartungen auswirken kann. Kurz: wenn die Geschäftsführung „A" wie Arbeit sagt sollte sie auch „B" wie Betriebsfeier sagen.

Aber bis dahin ist es oftmals noch ein langer Weg. Sehen einige Geschäftsleitungen gerade in uns, die wir nur die Sachkunde gemäß Paragraph 34a in der Tasche haben, mehr die Arbeitskraft als den Menschen dahinter? Vielleicht. Wie überall geht es um Kosten. Nur wer preislich und qualitativ mithalten kann, bekommt den begehrten Auftrag, was selbstredend auch für Betriebsfeiern gilt.

Für eigene Betriebsfeten bleibt da nur wenig Raum. Grundsätzlich gilt: viel mehr schützen wir Feiern als dass irgendein Sicherheitsbetrieb ein Fest für ihr Wachpersonal organisiert. Trotzdem: ein mir bekanntes Unternehmen schafft auch das und das ist gut so.

Ja und Weihnachtsfeiern? Normalerweise gibt es einen Brief von der Chefetage, in dem sie sich für den Einsatz des Wachpersonals bedankt, ein gesundes neues Jahr und eine weiterhin gute Zusammenarbeit wünscht sowie die Erfolge des abgelaufenen Jahres erwähnt. Eventuell kommen noch ein paar Süßigkeiten oder sogar eine Flasche Wein hinzu. Mehr ist im privaten Wachgewerbe nicht üblich, zumindest kenne ich es nicht anders. Mir persönlich ist nicht bekannt, ob wir Weihnachtsfeiern bewachen, nehme aber stark an, dass auch dafür entsprechende Aufträge existieren.

ZWISCHENMENSCHLICHES
Hinter den Kulissen

Wachleute erkenne ich am Gang. Das bringt die langjährige Berufserfahrung in diesem Gewerbe so mit sich. Für uns „alte Hasen" sind sie leicht zu erkennen. Das geht schon mit der Dienstkleidung los, die in der Sicherheitsbranche oftmals ein Problem darstellt. Auffällig ist das zuerst bei den Anzügen für die Herren und den Kostümen für die Damen, die oft schlecht sitzen. Wie ist es um die Oberbekleidung bestellt? Von „befriedigend" bis „mangelhaft" ist alles dabei, „sehr gut" ist leider selten, oft ist die Qualität der Bekleidung sagen wir eher bescheiden.
Probleme mit der richtigen Größe gibt es zuhauf, entweder ist sie zu klein oder zu groß, es kann auch vorkommen, dass die Arbeitskleidung der gerade aktuellen Jahreszeit unangepasst ist. Dass das nicht nur in kleinen, sondern ebenso in mittelständischen Wachunternehmen oftmals der Fall ist, durfte ich selbst erleben. Dabei ist es unwichtig, ob es sich um Anoraks, Pullover, Oberhemden, Blusen, Polo-Shirts oder Anzugs- und Einsatzhosen handelt. Natürlich spielen finanzielle Fragen die Hauptrolle, das nehme ich jedenfalls an.
Das beweist ein Fall aus Hildesheim: Elmar K hat eine Stelle als Revierfahrer in einem mittelgroßen Wachunternehmen bekommen. Eingesetzt wird der

Sicherheitsmann im Nachtdienst von 18:00 bis 6:00 Uhr. Dienstkleidung vom Arbeitgeber? Fehlanzeige! Elmar K muss sich genügend weiße Hemden und einen Anzug selbst auf eigene Rechnung kaufen, Geld wird selbst mit dem mitgebrachten Beleg nicht zurückerstattet.

Darum bleibt ihm nichts anderes übrig, als seine Arbeitskleidung in einem Billigkaufhaus zu erwerben. Immerhin bekommt er einen Schlips vom Betrieb, auf dem der Firmenname samt Logo aufgedruckt ist. So ist Elmar als Mitarbeiter des Unternehmens zu erkennen, für das er arbeitet. Der hier geschilderte Fall liegt viele Jahre zurück und dürfte heute Geschichte sein.

Auch mit den Arbeitsgeräten sieht es nicht immer rosig aus, im Gegenteil. Müssen die Arbeitsgeräte ebenso wie die Dienstkleidung nicht vom Arbeitgeber gestellt werden? Zumindest habe ich davon schon mal gehört. Taschenlampen, dazu noch Einsatzhosen, gegebenenfalls Helme und Sicherheitsschuhe für die Baubewachung, all das wird gebraucht, kostet aber nun mal Geld. Mir selbst hat ein Wachbetrieb für zwei Paar Schuhe und zwei Einsatzhosen insgesamt 160 Euro zur Verfügung gestellt. Den Betrag musste ich zwar vorstrecken, bekam ihn aber von ihm freundlicherweise zurückerstattet.

Was weltumspannende sowie bundes- und europaweit agierende Wach- und Sicherheitsunternehmen betrifft, wird die Dienstkleidung jeglicher Art nach meinen Erfahrungen allerdings ohne Probleme kostenfrei für das Wachpersonal gestellt und steht in puncto Qualität für mich an der Spitze.

Wieder andere Sicherheitsunternehmen geben ihrem Personal die Arbeitskleidung, die sie brauchen, sie müssen diese nicht selber kaufen. Der – angebliche – Haken dabei ist die Kaution, die hinterlegt werden muss und wieder ausbezahlt wird, wenn die Wachkraft den Betrieb wieder verlässt. Das können schon mal 250 Euro sein, die aber in Raten abzahlbar sind. Auch das kenne ich aus eigenem Erleben.Unangebracht ist eine solche Vorgehensweise von den Unternehmen jedoch keinesfalls. Wieso das so ist, verraten die jetzt folgenden Zeilen.

Der Ladendetektiv Udo D arbeitet für ein Bielefelder Wachunternehmen in einem Kaufhaus der dortigen Innenstadt. Als er vor fünf Jahren dort anfängt, legt er für seine Arbeitskleidung eine Kaution von 200 Euro auf den Tisch des Hauses. In den ersten vier Jahren läuft alles gut, die Geschäftsleitung ist mit ihm zufrieden. Danach beginnt er zu schludern, trotz der Gespräche mit seinem Chef ändert sich daran nicht viel.

Es folgt die Kündigung, die er als ungerechtfertigt empfindet. Udo zerschneidet seine Diensthose und das dazu gehörende Sakko plus vier Arbeitshemden und schickt es zu seinem Ex-Arbeitgeber.

Dumm gelaufen für ihn, der jetzt als Verlierer dasteht und neben seinem Job auch seine Kaution in den Wind schreiben kann. Außerdem wird die von ihm zerstörte Arbeitskleidung in der Betriebszeitung veröffentlicht.

Das Wächterkontrollsystem ist fürwahr eine wunderbare Erfindung, sofern sie denn einwandfrei arbeitet. Zu diesem System gehört ein Datenlesegerät, kurz Daister oder Abstreifer genannt. Das wird an einen Kontrollpunkt gehalten. Wenn es hörbar piept, kann die Wachkraft im Zweifelsfall belegen, dass sie den vorgeschriebenen Kontrollgang auch wirklich gelaufen ist. Selbstverständlich kann ihr von der Geschäftsleitung umgekehrt auch fehlerhaftes kontrollieren nachgewiesen werden, wenn sie einen oder mehrere Kontrollpunkte vergessen hat.

Kontrollpunkte, die im Fachjargon „Daisterpunkte" heißen, können sich überall innerhalb und außerhalb eines Objektes befinden. Wenn sie schön groß sind, ist das prima, manche aber sind leider nicht größer als ein Hosenknopf und leicht zu übersehen.

Andererseits kommt es gar nicht zu selten vor, dass ein Daister defekt oder der Akku leer ist. In einem solchen Fall muss die entsprechende Einsatzleitzentrale informiert werden, was jedoch nicht unbedingt heißt, dass auch schnell etwas geschieht. Bis der Revierfahrer einen neuen bringt, das kann dauern.

Der Sicherheitskraft bleibt in einem solchen Fall nichts anderes übrig, als alle Kontrollgänge im Wachbuch zu dokumentieren. Gerade in diesem Punkt ist gegenseitiges Vertrauen wichtig, was meistens auch der Fall ist. Nichtsdestotrotz ist ein effektiv arbeitendes Kontrollsystem besser, weil es im Gegensatz zum Dienstbuch weniger manipuliert werden kann.

Im Nachtdienst ist eine funktionstüchtige Taschenlampe während der Kontrollrunden unerlässlich. Nun sind solche Lichtquellen Dank der Globalisierung auch für den kleinen Geldbeutel erschwinglich, wobei den wirklichen Preis denke ich andere dafür bezahlen. Aber die sind anonym und weit weg. Das Taschenlampen, die vom Wachunternehmen gestellt werden, manchmal entweder von mangelnder Qualität oder defekt sind, passiert leider auch. Nicht nur ich persönlich habe deshalb stets meine eigene dabei.

Eine Wachkraft erhält von dem Betrieb, für den sie tätig ist den Auftrag, in einem Fabrikgebäude nachts zu arbeiten, in dem Kontrollgänge gelaufen werden müssen. Da das Unternehmen keine Taschenlampe zur Verfügung stellt, muss sie sich selbst eine kaufen. So ergeht es Kathleen I aus dem mecklenburgischen Wismar.

Defektes oder nicht vorhandenes Arbeitsgerät, Dienstkleidung von geringer Qualität, Fehler passieren in den Chefetagen genauso wie in den Einsatzzentralen, in denen vieles koordiniert und organisiert werden muss. Allzu leicht kann da mal etwas vergessen werden.

Aber was haben die beschriebenen Probleme bitteschön mit Zwischenmenschlichkeit zu tun? Mehr als gedacht, denn es geht um die Wertschätzung des Personals aber, und auch das kann nicht oft genug gesagt werden, mindestens ebenso um den Zwang, die Kosten so niedrig wie möglich zu halten. Das ist bekannterweise für alle Unternehmen bindend, die sich auf dem Markt behaupten müssen, um überleben zu können.

Achtung

Auf der Hut, *behütet* sein. Acht geben. Respekt heißt Achtung. Ständig darauf zu achtenn, pfleglich mit dem vom entsprechenden Betrieb bereit gestellten

Arbeitswerkzeug und umso mehr mit Menschen achtungsvoll umzugehen gehört zu unseren Hauptaufgaben. Das bedeutet mitnichten, dass alles harmonisch zu sein hat, im Gegenteil. Gerade wenn es „knirscht" ist es wichtig, fair miteinander umzugehen. Im privaten Sicherheits- und Bewachungsgewerbe ist das mitunter nicht immer selbstverständlich.

Immer wieder gibt es Kolleginnen und Kollegen, die ein Problem damit haben, auch diejenigen aus dem Team zu dulden, die ihnen unsympathisch sind. Leider werden diese nun mal in allen Branchen „zusammen gewürfelt," es kann nicht anders laufen. Wenn also die „Chemie nicht stimmt" Dann heißt es, die Kommunikation allein auf dienstlicher Ebene stattfinden zu lassen und zwar in einem sachlichen, höflichen Umgangston. Solange von allen die Arbeit geschafft wird, sollte das normal sein, es macht das Leben leichter. Was aber, wenn jemand sich bemüht und es trotzdem nicht schafft?

Ingo P arbeitet im niedersächsischen Oldenburg für eine Wachfirma im dortigen Jobcenter zusammen mit der Kollegin Marleen U und dem Kollegen Leon K am Eingang der Behörde. In erster Linie empfangen sie die Hilfesuchenden und leiten sie, *gerade* wenn sie eine Einladung vorweisen können, zu den Mitarbeitenden des Amtes weiter. Dafür schauen sie in einer Namensliste nach, die mehrere gedruckte Seiten umfasst.

Im Gegensatz zu Leon und Marleen hat Ingo Schwierigkeiten, mit der Namensliste zu arbeiten und braucht wesentlich länger, den gerade benötigten Namen der oder des Ratsuchenden zu finden. Ingo hat eine leichte Sehbehinderung. Vor allem aber fällt es ihm schwer, sich bei denen durchzusetzen, die zu den sozial Benachteiligten gehören und sich ihm gegenüber aggressiv verhalten. Dagegen haben seine Kollegin und sein Kollege mit den sich öfters angriffslustig verhaltenden Menschen kein Problem. Sie haben ihre Aufgaben im Griff, verachten ihren Kollegen. und zeigen ihm in aller Deutlichkeit, dass sie ihn für ungeeignet halten.

Am Ende muss sich Ingo eingestehen, dass es stimmt, was sie sagen. Obwohl er sich redlich bemüht hat, den Anforderungen zu entsprechen, ist er hier Fehl am Platze. Vielleicht hätten Leon und Marleen sich ihm gegenüber kollegialer verhalten und ihm helfend unter die Arme greifen können. Aber Ingo ist ihnen von Anfang an unsympathisch, was auf Gegenseitigkeit beruht. Unterstützung zu geben ist in einem solchen Fall schwierig. Dem Wachbetrieb bleibt das Problem nicht verborgen. Ingo kommt in ein anderes Wachobjekt, wo er seine Arbeit gut schafft und geachtet wird.

Harmonischer geht es im nächsten Fall zu. Ute F arbeitet als Pförtnerin in einer großen Behörde in Fulda, die 24 Stunden an 365 Tagen im Jahr von einem privaten Wach- und Sicherheitsunternehmen betreut wird.

Zu ihren Aufgaben gehören neben Kontrollrunden sowie der Schlüsselaus- und annahme auch das Begleiten von Besuchenden und Handwerkern im Objekt und die Betreuung des Parkplatzes, der nicht gerade besonders groß ist. Um den Überblick zu behalten stehen Monitore zur Verfügung. Dummerweise fallen die aber auch gern mal aus.

Auch die Einfahrt zum Parkplatz hat es in sich, denn sie ist durch ein dicht stehendes Nachbargebäude sehr eng. Statt drinnen muss deshalb auch oft draußen gearbeitet werden, um alles Wichtige sehen und um entsprechend reagieren zu können.

Norbert T ist ein hilfsbereiter und zuvorkommender Kollege, der auch bei den Angestellten des Amtes Beliebtheit genießt. Ute strengt sich sehr an, setzt sich selbst unter Druck und will den Anforderungen unbedingt gerecht werden. Trotzdem unterlaufen ihr ständig Fehler, mal trägt sie die Schlüssel falsch in der Liste ein oder lässt ein Fahrzeug auf den Parkplatz, obwohl der längst vollkommen überbelegt ist.

Die meisten in ihrer Kollegschaft verhalten sich ihr gegenüber kollegial und meinen das auch so, einige sind, wenn sie anwesend ist, zwar ebenfalls im Ton freundlich, klatschen aber gern hinter ihrem Rücken, wie das überall ist. Solche Kollegen sind ihr egal, sie hält sich an die, die auch mal sagen, wenn was nicht so läuft wie es laufen soll, statt hinterrücks zu lästern. So ein Mensch ist Norbert T.

Im alltäglichem Pfortendienst gibt es stets ein Auf und Ab, mal ist viel, mal weniger bis gar nichts zu tun. Dann heißt es herumzusitzen und Präsenz zu zeigen. In solchen Momenten nimmt Norbert seine Kollegin Ute beiseite und macht ihr im ruhigen, sachlichen Ton klar, dass er sie an der Pförtnerloge für deplatziert hält und warum das seiner Meinung nach so ist, wie es ist. Dabei übersieht er nicht, dass die Kollegin ihre Aufgaben möglichst fehlerfrei erfüllen möchte. Dieses Ziel ist für sie mehr als selbstverständlich.

Die Wachfrau weiß längst, dass der Kollege recht hat und sagt ihm das auch. Einige Tage später spricht sie mit ihrem Chef und nur wenige Wochen nach dem Gespräch kann sie in einem, Kino, dass „ihr Betrieb" ebenfalls betreut, anfangen. Dort macht sie sich gut und fühlt sich wohl.

Inzwischen wird das Wachgewerbe hierzulande immer internationaler, auch Menschen ausländischer Herkunft arbeiten bei uns. Diese Tatsache kann ich bestätigen. Einige nehmen diesen Fakt äußerlich, wenn auch zähneknirschend, hin, ihre wahre Einstellung können sie jedoch nicht immer und in jedem Fall verbergen. So wie der Sicherheitsmann Lutz U, der als Empfangskraft in einem großen Betrieb in Gelsenkirchen tätig ist.

Lutz ist Ende 40, stark untersetzt und trägt eine Glatze. Ob letzteres gewollt ist oder ob ihm einfach die Haare ausgingen, ist hier nicht von Belang. Wichtig ist, dass er sich selbst in der Gewalt hat, was ihm gegenüber seiner afghanischen Kollegin Zohra Y, die neu eingestellt wurde, auch gelingt.

Sein wahres Gesicht zeigt der Wachmann, als eines Tages ein Postbote mit einem Paket zu ihm an den Tresen kommt, der nicht nur ausländisch aussieht, sondern nur gebrochenes Deutsch spricht. In absolut rüden und herablassenden Tonfall zeigt er ihm den Weg zur Poststelle. Manchmal ist es nur schwierig zu ertragen, was alles bei uns passieren kann.

Ähnlich ist ein Fall aus einer Klinik in Osnabrück, in der Bodo M an der Rezeption für ein mittleres Wachunternehmen arbeitet. Zugegeben, er ist etwas übergewichtig, Anfang 50, nicht gerade ein Sympathieträger. Meistens versieht er seinen Dienst mit einem mürrischen Gesichtsausdruck. Das ändert sich, als eines Nachmittags eine Besucherin in das Krankenhaus kommt.

Deng C ist als Koreanerin nicht gerade besonders groß. Der Wachmann grinst der Frau frech ins Gesicht, als diese ihn freundlich grüßt und an ihm vorbei geht. Was dann kommt, ist an Dreistigkeit nicht zu überbieten. Da sie so klein ist, könnte sie ihn doch unter dem Tisch mal „verwöhnen." Rassismus und Sexismus in einem.

Achtung vor dem anderen Gegenüber, besser gesagt, die *Missachtung*, sie geht auch anders herum. Eine Hochschule in Chemnitz. Lena P arbeitet als Wachfrau und Garderobiere. Mit den Studierenden ist es wie mit anderen Leuten auch, die meisten sind freundlich, ein paar arrogante „Stinkstiefel" sind wie bei einigen Professorinnen und Professoren auch darunter.

Aber egal, wer zu ihr kommt, alle bekommen eine Metallmarke, mit der sie ihre Oberbekleidung sowie Taschen, Rucksäcke und Regenschirme bei ihr abgeben und wieder abholen können.

Als die Sicherheitsfrau an einem schönen Sommertag Dienst hat, erscheint ein groß gewachsener Herr bei ihr, vermutlich ein Professor und wirft erhobenen Hauptes „seine" Marke derart auf den Tresen, dass diese auf ihrer Seite fast wieder herunterfällt. Lena nimmt das Metallstück, bringt dem Herrn was Seins ist und sieht ihn an. Ruhig und bestimmt sagt sie ihm, dass er sicherlich aus einem sehr guten Elternhaus stamme und solch ein Verhalten bestimmt nicht gelernt habe. Der Angesprochene verlässt beschämt die Lehranstalt.

Eine Ausnahme gibt es natürlich. Wenn eine Arbeitskraft andauernd die selben Fehler macht, schlägt irgendwann die Achtung der Kollegschaft in *Verachtung* um. Stets und ständig immer wieder dasselbe erklären müssen und nach Monaten klappt es immer noch nicht, das nervt die Mitmenschen verständlicher- und richtigerweise. Anstatt in einem solchen Fall nach der eigenen Schuld zu suchen und *Eigenverantwortung* zu übernehmen, werden viel zu oft Fehler bei den Anderen gesucht und angeblich auch gefunden.

Sprüche, die angeblich Fehler dulden, gibt es zuhauf. „Fehler sind menschlich" oder „aus Fehlern lernt man" und dergleichen mehr. Nichtsdestotrotz können sie alle nicht darüber hinwegtäuschen, dass gerade in Deutschland die Null-Fehler-Duldung sehr hoch im Kurs steht. Dass beginnt spätestens in der Schule. Beispiel Klassenarbeit. Kommt hier etwa der Grünstift zum Einsatz, mit dem alles Richtige unterstrichen wird? Nein! *Alle* Fehler werden mit dem *Rotstift* gebrandmarkt.

Ganz getreu nach dem Motto, dass das, was klappt nicht der Rede wert ist, was falsch läuft aber sehr wohl und das selbst bei allerkleinsten Verfehlungen, gerade im Arbeitsleben. Viele Vorgesetzte, egal ob Frauen oder Männer, handeln nach dieser Devise und bringen ihr Unternehmen damit an die Spitze. Das dürfte nicht nur ich in den allermeisten Fällen so und nicht anders kennen.

Im Wachdienst ist es wie in jeder anderen Berufsgruppe auch. Wir müssen in allererster Linie bestmöglich effizient und gewinnbringend für den wirtschaftlichen Erfolg funktionieren. Genau aus diesem Grund muss Achtung prinzipiell zuerst *erworben* werden. Sie oder er muss wenigstens eine ausreichende Leistung im Rahmen individueller Möglichkeiten bringen, sonst hat sich das mit der Achtung richtigerweise erledigt. Wer jedoch an einfachsten Bewachungsaufgaben scheitert, hat in unserer Branche nichts verloren.

Trotz der harten, grundsätzlich aber wahren Worte darf natürlich nicht übersehen werden, dass eine Wachkraft mit den ihr übertragenen Aufgaben auch überfordert sein kann.

Apropos Worte: manches, was wir sagen, fällt uns, oberflächlich, wie wir manchmal sind, gar nicht mehr als diskriminierend auf. So ist es in einer kleinen Galerie in Mannheim geschehen. Der Wachmann Ralf Z steht am Einlass und teilt seiner Kollegschaft in den Ausstellungsräumen über Funk mit, dass „15 Gäste zu ihnen kommen" und wiederholt auf Nachfrage „15 *Stück*." Wie „15 Stück Vieh?" oder „15 Stück Holz?" Menschen als *Stückgut?* Es ist bestimmt nicht so gemeint, nur so dahin gesagt, wie wir alle täglich vieles unüberlegt daher sagen. Aber eigentlich ist hier eine Grenze überschritten worden!...

Im nächsten Fall geht es um mehr als eine Grenzüberschreitung, denn hier ist neben fahrlässiger Dummheit zumindest eine Missachtung in zweierlei Hinsicht im Spiel. Nilam B ist in Mandurai, Indien geboren. Bereits als Kind kommt sie ins Saarland, fühlt sich mehr als Deutsche denn als Inderin. Seit 12 Jahren arbeitet sie als Wachfrau am Empfang in einem mittelgroßen Unternehmen in Saarbrücken.

Nilam studierte in den USA IT-Wissenschaften und ist heute frische 35 Jahre jung. Neben ihrer indischen Muttersprache spricht sie fließendes, akzentfreies Englisch und ebensolches Deutsch.

Seit einiger Zeit bewirbt sie sich um eine Stelle als IT-Spezialistin, erhält aber ständig Absagen; Fachkräftemangel hin oder her. Die wirklichen Gründe, sagt Nilam, sind zwei: erstens ihre bräunliche Hautfarbe und zweitens, dass sie eine Frau ist.

Am Ende kommt rassistisches, machohaftes Verhalten im Doppelpack heraus. Ist es die Sorge der „hohen" Herren vor echter, so weit wie möglich, fairer Konkurrenz? Haben die Herrschaften einfach nur Angst, das sie von ihrer Herrschaft, ihrer Macht, etwas abgeben müssen? Oder ist es der vielleicht panische Gedanke, dass ausgerechnet eine nicht weiß farbige Frau besser als sie sein könnte? Ist es sozusagen die Urangst machtgeiler, *weißer* Männer? All das muss nicht unbedingt böse gemeint sein. Möglicherweise passiert ja auch ein solches Verhalten mehr unbewusst als bewusst. Dazu ein paar Gedanken meinerseits.

Fakt ist, dass sich die Wirtschaft durch eine solche Missachtung quasi selbst ein Bein stellt, indem sie die Kreativität eines hochqualifizierten Menschen einfach ignoriert. Ebenso stimmt auch, dass Nilam seit vielen Jahren nicht mehr als IT-Spezialistin arbeitetet. Sinnvoll wäre es, ihr zu helfen, um wieder den aktuellen Stand zu erlangen.

Ja, das kostet. Über eine von ihr zu leistende Rückzahlung des Lehrgangs, ganz oder teilweise, könnte, ja, sollte verhandelt werden. Das wäre in

jedem Fallbesser, als ihr Steine in den Weg zu legen. Die Achtung vor dem so genannten „einfachen Sicherheitspersonal spiegelt sich indes auch in der Bezahlung wider. Zur Erinnerung: im Jahr 2008 lagen diese in einigen Teilen unseres Landes noch bei 4,25 Euro, diese Zeiten sind heute vorbei und das ist auch gut so. Wie aber sieht es mit der Zahlungsmoral im Sicherheitsgewerbe aus?
Wie bereits vorher beschrieben bleiben Fehler bei der Berechnung nicht aus. Viele sagen, die Entlohnung sei unbefriedigend oder gar schlecht. Aber stimmt das? Kommen wir zu den Zuschlägen. Mal abgesehen von nicht oder falsch berechneten Zulagen ist es denkbar, dass sie irgendwann ganz wegfallen. Nichts ist in Stein gemeißelt. Es ist auch eine Frage von Anspruchs- und Besitzstandsdenken, hauptsächlich auf Seite von uns Arbeit*nehmenden.*
Im Laufe meines Arbeitslebens zeigten sich einige Chefs durchaus gesprächsbereit, um mit mir über die Zusammensetzung der Lohnkosten zu sprechen. Sie klärten mich darüber auf, dass die Lohnnettokosten die Hälfte und die Lohnbruttokosten die andere Hälfte der anstehenden Kosten darstellen.Konkret meinten sie die Sozialabgaben, auch Sozial*lasten* genannt, die sich die Arbeitnehmenden und -gebenden jeweils fast die Hälfte teilen. Das, was auf der Lohnabrechnung steht, spiegelt etwas weniger als die *Hälfte* aller Kosten wider, mit der die Arbeitskraft zu Buche schlägt.

Zudem wurde ich darüber aufgeklärt, dass die Beiträge für die Unfallversicherung das Unternehmen für alle Mitarbeitenden *alleine* bezahlen muss und das unternehmerisch gesehen Zuschläge eine zusätzliche Belastung darstellen und deshalb erarbeitet werden müssen.

Aber eine menschenwürdige Lebensführung muss gegeben sein. Dazu gehört, geleistete Arbeitsstunden stimmig abzurechnen. So, wie wir Arbeitnehmenden die Arbeitgebenden achten müssen, gilt das auch umgekehrt. Schließlich heißt es nicht „pacta sunt *Ver*anda" sondern „pacta sunt *ser*vanda: Verträge sind einzuhalten.

Viele Wachleute behaupten, dass den Putzkräften mehr Respekt entgegengebracht wird und sie am letzten Ende der Wertschätzung stehen. Ganz von der Hand zu weisen ist das nicht, denn diejenigen, die putzen, sind sichtbar produktiv, sie stellen Sauberkeit her.

Wir Sicherheitsmitarbeiterinnen und -arbeiter (SMA) produzieren nichts, was sofort spür- und sichtbar ist, denn die Sicherheit, die wir „erschaffen," ist nicht mit den Händen zu greifen. Die Produktivität wird meines Wissens in unserer Wirtschaftsordnung mit als das wichtigste Standbein überhaupt angesehen. Aus diesem Blickwinkel betrachtet stehen wir in der ökonomischen Hierarchie tatsächlich noch unter den Putzleuten.

Aber wir, die Wachfrauen und -männer, sorgen für die besagte Sicherheit und halten den Kopf hin, wenn etwas passiert. Genau das haben wir immer im Hinterkopf, das gehört zu unserem Beruf. Wenn es uns gelingt, eine Havarie im Keim zu ersticken, können wir zumindest im industriellen Sektor helfen, die Produktivität zu erhalten. Auch das ist achtenswert.

Für mich ist es ein Fakt, dass die Sicherheitsbranche in unserer Gesellschaft mehr *ver-* als *ge*achtet wird. Ich denke, damit sind wir nicht allein. Das macht Mut, dass sich etwas zum positiven verändern kann. Dieses Buch soll einen kleinen, bescheidenen Beitrag dazu leisten!...

Woher aber kommt diese Missachtung? Sie kommt hauptsächlich aber nicht nur von den Medien. Denn sie bestimmen in meinen Augen maßgeblich, wer in unserer Gesellschaftsordnung als „Bildungsnah" oder eben „Bildungsfern" angesehen wird und stigmatisieren schulisch niedriger gebildete Menschen. Leider ist auch unsere Kundschaft oft nicht besser.

Wie gesehen, ist „Bildungsferne" nicht bei allen Wachmännern und -frauen gegeben. Hier verkennen viele schulisch Hochgebildete, dass alle Berufe einander bedingen. Der Maurer braucht die Ärztin, für die er Mauern für das Haus hochzieht, in dem sie ihre Praxis einrichtet. Umgekehrt braucht der Maurer zuweilen Hilfe der Ärztin.

Es wäre unsachlich, den ohne alle Frage höheren wirtschaftlichen Wert einer akademisch gebildeten Fachkraft gegenüber dem einer „einfachen" Wach- und Sicherheitskraft zu bestreiten. Aber auch wir haben prinzipiell eine gewisse Achtung verdient. Das sich diese in einem kleineren Rahmen bewegt versteht sich natürlich vor allem im Arbeitsleben von selbst.

Wachleute sehen anders

Mit den Jahren nehmen wir unsere unmittelbare Umgebung anders wahr als andere Menschen. So wie die Sicherheitsmitarbeiterin Viola T aus Berlin. Sie arbeitet in einem Museum im Westen der Stadt. Hier sieht sie sehr oft Gäste, die ihre Wertsachen sorglos bei sich tragen. Junge Mädchen und Frauen, bei denen das Smartphone mehr als sichtbar aus einer Gesäßtasche herausragt oder die offene Handtasche lässig über der Schulter hängt sowie Männer jeden Alters, deren Portemonnaie nicht nur eine Beule in der hinteren Hosentasche verursacht, sondern als „dicke Marie" noch ein paar Zentimeter heraus schaut.

Im Museum checkt Viola in solchen Fällen kurz, wie sich diese Menschen verhalten. Ob sie einen positiven oder eher negativen Eindruck auf sie machen. Je nach dem spricht sie die Besuchenden auf ihr unbedachtes Verhalten an. Zuerst fragt sie höflich, ob ein Sicherheitshinweis erlaubt ist. Falls dem so ist, empfiehlt sie dem Gast, Wertsachen stets vorne zu tragen und zwar so, dass keine unerlaubte Person Zugriff darauf haben kann.

Wer ihren Hinweis nicht hören will, auch gut. Schließlich handelt es sich um eigenständige, selbst entscheidende, erwachsene Menschen. Viele beherzigen ihren Rat und verstauen ihre Wertsache wie angeraten. Wieder andere zeigen sich nur mit Worten einsichtig. Wie dem auch sei, sie hat ihr Bestes getan.

An einem schönen Frühlingsabend. Viola hat Feierabend und muss auf ihrem Weg von und zur Arbeit immer am Bahnhof Berlin-Friedrichstraße umsteigen, um ihre Regionalbahn zu erwischen. Sie wohnt in einem kleinen Ort in Brandenburg. Diesmal fällt der Zug wieder einmal aus, der nächste kommt in einer guten Stunde. Die Sicherheitsfrau beschließt, sich währenddessen in der Gegend um den Bahnhof herum umzusehen und macht einen kleinen Spaziergang.

Hier gibt es viele gut besuchte Straßencafés, die Humboldt-Universität ist nicht weit. Studierende und Touristen aus aller Welt sitzen an den Tischen und genießen das schöne Wetter. Aber wie verhalten sich die Menschen? Neben Speisen und Getränken liegen Geldbörsen, Klapprechner, Handys und Tablets oftmals unbeobachtet auf den Tischen!...

Wie leicht es Dieben dort gemacht wird, scheint ihnen nicht klar zu sein. Erst recht nicht beim folgenden Fall: ein junger Mann sitzt auf einer kleinen Mauer vor einem Gebäude der ehrwürdigen Humboldt-Universität und liest. Hinter seinem Rücken hat er seinen Klapprechner mehr als sichtbar hingestellt. Fehlt nur noch der Pfeil, der auf das Gerät zeigt worauf steht: „Nimm mich mit.“

Natürlich kennt sie auch den Trick mit dem Stadtplan. Auf einmal fallen ihr zwei angebliche Touristen auf, die sich ein Pärchen an einem langen Biertisch ausgesucht haben, das sich angeregt mit einem anderen Paar unterhält. Ein wertvolles Handy liegt unbeachtet auf dem Tisch. Viola traut den beiden Männern nicht. Kaum, dass sie den Plan ausgebreitet haben und nach dem Weg zum Gendarmenmarkt fragen, greift Viola ein. Sie hatte recht. Bevor der Kompagnon das Handy unter dem Plan ergreifen kann, laufen die Diebe davon.

Oft sieht Viola auch Frauen, die mit großen offenen Taschen durch die Stadt laufen oder sie neben sich, beispielsweise an einer Haltestelle, auf die Sitzbank stellen. Langfinger haben hier leichtes Spiel, denn die Wertsachen sind nicht nur zu sehen, sondern auch leicht zu ergaunern.

Das Frauen und Handtaschen beiliebe ein Kapitel für sich sind, weiß die Sicherheitsfrau nur allzu gut. Als sie noch nicht im Wachdienst tätig war und noch als Tischlerin gearbeitet hatte, lief sie sorglos durch die Stadt, die Handtasche lässig nach hinten auf dem Rücken geschultert. Dass sie offen war wurde ihr zum Verhängnis. Nicht nur die 150 Euro allein, die sie in ihrer Geldbörse hatte, auch der Führerschein und der Personalausweis, alles war weg. Und dann die Rennereien, um alles neu zu beantragen! Heute kann sie über so viel Leichtsinnigkeit nur den Kopf schütteln.

Ja, unser Land ist, was die soziale Sicherheit betrifft, einigermaßen sicher. Noch ist das jedenfalls so. Das Gelegenheit Diebe macht, wird dabei nur allzu oft vergessen und das trotz vieler Warnungen der Polizei vor Taschendieben. Trotzdem verwahren viele ihre Wertsachen nicht nur in geschlossenen Räumen gut sichtbar in ihren Gesäßaschen. Der eine stößt das Opfer an, das kurz abgelenkt ist. Der Kompagnon nutzt diesen Moment und greift zu. Wenn der Diebstahl bemerkt wird, ist es meistens längst zu spät.

Frauen im hiesigen Sicherheits- und Wachgewerbe

Ich kenne immer noch einige Männer die meinen, dass Frauen in der Wach- und Sicherheitsbranche nichts verloren haben. Auch hier geht es um Respekt. Aber was spricht gegen gemischte Teams? Soweit es mir bekannt ist, soll es längst erwiesen sein, dass durchmischte Teams besser funktionieren, wenn sie geschlechtlich durchmischt sind, als wenn sie sich allein unter ihresgleichen befinden. Haben wir es im Endeffekt mit einem strukturellem Problem zu tun, das nicht allein in Deutschland sondern weltweit zu finden ist? Dazu später mehr.

Im Wach- und Sicherheitsgewerbe scheint das noch nicht überall in der Wirklichkeit angekommen zu sein. Die männliche Urangst, dass Frauen besser als sie sein könnten als sie selbst, ist existent und meiner Meinung nach nicht nur bei Managern zu finden. Sie findet sich nach meinen Beobachtungen ebenso bei Wachmännern, hier jedoch vor allem bei denen mit niedrigerem Schul- und Berufsabschluss.

Aber eben nicht nur. Günter H aus Oberhausen ist ein pensionierter Polizist, hat eine gute Schulbildung und arbeitet nebenbei als Wachmann in einem Amt, in dem er nur Nachtdienste macht. Seiner Meinung nach hätten Frauen im privaten Wachgewerbe und schon gar nichts bei der Polizei zu suchen. Das sei Männersache und für Frauen viel zu gefährlich. Aber stimmt das? Nehmen männliche Übeltäter Frauen überhaupt für voll?

Frauen sind in puncto Redegewandtheit und diplomatischem Geschick ihren Kollegen mindestens ebenbürtig, wenn nicht sogar überlegen. Ausnahmen finden sich natürlich bei beiden Geschlechtern in negativer als auch in positiver Weise.

Eben weil ich das so sehe, ist es für mich durchaus denkbar und logisch, wenn sie deswegen als Türsteherinnen vor Diskotheken gerade von männlichen Besuchern eher respektiert werden als von ihren männlichen Kollegen, die dieselbe Arbeit verrichten. Kann all das Frauen nicht gerade für die Wachunternehmen interessant machen? Es wäre nicht schlecht!...

Auch als Revierfahrer werden so wie ich sehe keine Frauen eingesetzt. Selbst wenn es nicht gerade repräsentativ zu sein scheint, mir ist jedenfalls noch keine *Revierfahrerin* begegnet. Warum eigentlich nicht? Sie haben alles, was dafür benötigt wird. Beine, Füße, Arme und Hände in doppelter Ausführung, einem Hintern zum Sitzen. Der Rumpf hält die Extremitäten inklusive dem Hals mit dem Kopf oben drauf zusammen. Die Krönung sozusagen.

Im Oberstübchen sind übrigens bei beiden Geschlechtern die fünf Sinne im Gehirn verankert und wenn die in Ordnung sind?... All das ist so banal und doch denke ich, dass Frauen nicht nur in dieser Hinsicht benachteiligt sind. Zurück zu den Revierfahrdiensten.

In den Jobanzeigen, in denen Revierfahrer gesucht werden, steht politisch korrekt drin, dass sich bitteschön auch die holde Weiblichkeit bewerben darf. Trotzdem habe ich den Eindruck, dass die meisten *Chefs* es bevorzugen, für diese Tätigkeit doch eher einen Geschlechtsgenossen einzustellen, als dass eine Frau den begehrten Job bekommt. Schlimmer noch, denn im allgemeinen stellen selbst weibliche Vorgesetzte lieber Männer als Frauen ein.

In der Werbung von den mir bekannten Wach- und Sicherheitsunternehmen ist ein Fakt mehr als offensichtlich: Egal, wer dort wirbt, ich sehe deutlich mehr Herren als Damen. Dabei müsste und sollte die private Sicherheitswirtschaft weitaus mehr dafür werben, wesentlich mehr Frauen für alle Sicherheitsberufe in sämtlichen Hierarchiestufen zu begeistern. Informationsveranstaltungen in Schulen und Berufszentren nur für weibliche Bewerberinnen wären dringend nötig. Bis zum heutigen Tag ist mir keine einzige bekannt.

Was ich positiver weise sehe ist, dass der Anteil an Frauen in der Wachbranche wächst. Will man(n) die alten Rollenbilder überwinden? Verbal ist das der Fall, das höre ich immer wieder, hauptsächlich sogar von Männern. Glücklicherweise kenne ich inzwischen auch mehr Chefinnen in unserer Berufssparte, die von ihren männlichen Vorgesetzten gefördert werden und als Bereichsleiterinnen arbeiten. Vor wenigen Jahren kannte ich nicht einmal eine! Mühsam ernährt sich das Eichhörnchen. Immerhin ein Lichtblick.

Wie versprochen komme ich auf die Frage zurück, ob es auch Unternehmerinnen in unserem Gewerbe gibt. Um das heranzukommen habe ich neben der Industrie- und Handelskammer sowie dem Gewerbeaufsichtsamt meines Heimatortes auch das Statistische Bundesamt angerufen. Anstatt einfach nur meine Frage zu beantworten hat mir Letzteres eine 142 Seiten umfassende Liste geschickt. Vielleicht habe ich darin ein Unternehmen übersehen, das einer Frau gehört. Bedauerlicherweise habe ich keines finden können.

Kommen wir jetzt zu Susanne W, die im schönen Magdeburg als Bereichsleiterin in einem mittelständisch geprägten Wach- und Sicherheitsunternehmen arbeitet. Zu den Bereichen, die sie betreut, gehören eine Glasfabrik sowie mehrere Läden eines Discounters.

In all diesen Objekten arbeiten ausnahmslos *Objektleiterinnen*. Ein schönes Beispiel, das Schule machen sollte. Um es deutlich zu sagen, was anfangs schon angeklungen ist: je höher die Hierarchiestufe, desto weniger Frauen sind meines Wissens in unserem Gewerbe zu finden und, wie wir noch sehen werden, bedauerlicherweise nicht nur in Deutschland. Nach dem, was ich erlebe, finden sich in den Einsatzleitzentralen unserer Branche fast ausschließlich Männer.

Frauen werden hier nur als Lückenfüllerinnen während der Urlaubszeit eingesetzt. So wie Manja E aus Würzburg. Sie ist Praktikantin und beginnt danach Ausbildung zur Geprüften Schutz- und Sicherheitskraft. Manja würde danach sehr gern als Kontrollinspekteurin arbeiten. Ob es nach ihrer Ausbildung klappt?!...

Yvonne J ist gelernte Malerin und Lackiererin und arbeitet wie viele Frauen in unserer Branche als Empfangskraft in einem Industriegebiet in Passau. In ihrer Freizeit guckt sie noch gelegentlich nach Stellen in ihrem erlernten Beruf. „Maler/in und Lackierer/in, m, w, d, gesucht" liest sie in jeder Anzeige und schickt Bewerbungen an die suchenden Betriebe. Viele Unternehmen, die sie anschreibt, unternehmen entweder gar nichts oder schicken ihr eine Absage. Die bittere Wahrheit dahinter: sie ist Ende 40 und – vollkommen gleichgültig, in welcher Verfassung sich der Arbeitsmarkt auch immer befinden mag – kein Mann.

Von Möchtegern-Chefs, echten Chefs und Dienstplänen

Karl-Heinz A ist als Wachkraft in einem Theater in Erfurt tätig. Mit viel Fleiß und noch mehr durch nach oben buckeln und nach unten treten hat er es bis zum Objektleiter gebracht. Bemerkt er bei einem der ihm unterstehenden Mitarbeitenden einen Fehler, und sei dieser auch noch so winzig und klein, wird dieser sofort gebrandmarkt. Null-Fehler-Duldung wird bei ihm sehr groß geschrieben. So weit, so gut und das ist völlig in Ordnung.

Aber harsches kritisieren vor anderen? Es scheint ihm geradezu Spaß zu machen, einen „Delinquenten," wie er es nennt, auch *vor* der Kollegschaft zu kritisieren. Egal wo, sofern es keine Besuchenden des Kulturhauses mitbekommen. Es dauert nicht lange, bis sein Vorgesetzter davon Wind bekommt. Karl-Heinz soll künftig das kritisieren vor der Kollegschaft unterlassen und solche Gespräche unter vier Augen im Büro oder im Pausenraum durchführen. Falls er sich nicht fügt, so droht der Chef, wird er wieder zur einfachen Sicherheitskraft herabgestuft.

Jetzt zu einem Fall, der sich vor einigen Jahren in Hannover abgespielt hat. Hier arbeitet Verena C als Sicherheitsmitarbeiterin in einer großen Behörde, Wochenenden und Feiertage inklusive. Die Wachfrau arbeitet fast nur nachts.

Das Wachunternehmen, für das sie tätig ist, unterhält noch andere Niederlassungen in ein paar anderen Großstädten. Wie immer erhält sie ihren Dienstplan für den Folgemonat kurz vor Ablauf des Vormonats. Es ist Ende April, als sie entdeckt, dass sie am letzten Mai-Wochenende keinen Eintrag hat.

Vor ein paar Tagen noch hat sie mit ihrem Mann, ein Krankenpfleger, der wie sie auch im Schichtdienst arbeitet, über einen Kurztrip an die Nordsee gesprochen, denn an den besagten Tagen haben beide frei, so scheint es. Das Paar möchte so schnell wie möglich buchen. Kurzerhand ruft Verena einen der drei für sie zuständigen Personalleiter, Herrn Q, an. Der hat nichts dagegen gesagt, also buchen die beiden einen Platz für zwei in einem Hotel an der Nordseeküste.

Vier Wochen später. Es ist Freitagnachmittag, als ein anderer Personalleiter, Herr M anruft und ihr „die freudige Nachricht" überbringt, dass sie am nächsten Tag Dienst hat. So wie etliche Samstagabende zuvor. Verena fällt aus allen Wolken, sie sagt Herrn M, dass es diesmal nicht gehe. Sie habe Ende April seinem Kollegen Herrn Q über ihr Vorhaben informiert und er habe nichts dagegen gehabt. Herr M fordert Verena auf, ihren Mann anzurufen, um die neue Lage mit ihm zu besprechen. Danach soll sie ihn zurückrufen.

Sein Ton verrät ihr unmissverständlich, dass er den kommenden samstäglichen Einsatz von ihr als eine Selbstverständlichkeit ansieht.

Glücklicherweise kann die Mitarbeiterin ihren Mann erreichen, der heute schon frei hat. Das Paar bleibt bei ihrer Entscheidung, die Reise anzutreten. Herr M wiederum findet das „ganz schön keck," als seine Mitarbeiterin ihm das Ergebnis mitteilt. Sie habe, so führt er weiter aus, nicht automatisch frei, bloß weil sie nicht im Plan stehe. Beinahe knickt Verena ein, bittet aber nochmals um Bedenkzeit, die ihr auch eingeräumt wird. Wenige Stunden später ruft der dritte Personalleiter, Herr D an und genehmigt die zwei freien Tage, Verena und ihr Mann dürfen fahren. Die Rache kommt prompt, aufgeteilt in den folgenden vier Dienstplänen. Bis zum Oktober hat sie jeden Samstag Nachtdienst. Von wegen grillen mit Freundschaften oder so dann und wann den Samstagabend mit ihrem Mann genießen. Herr M sieht das anders. „Schließlich," so sagt er oft, „wollen Sie doch Geld verdienen." Verena C hat später ihren Arbeitgeber gewechselt.

Rüdiger T aus Kaiserslautern sieht sich selbst nicht nur als Wachmann, das ist ihm viel zu weit unten. Nein, Rüdiger fühlt sich zu Höherem berufen. Seit sieben Jahren arbeitet er in einem Hotel, das ganzjährig rund um die Uhr bewacht werden muss. Das Objekt ist mit modernster Sicherheitstechnik ausgestattet. Hier kennt der 29jährige sich aus, hier macht ihm niemand etwas vor. Wohl auch deswegen sagt er anderen gern, wo es lang zu gehen hat.

„Fehler," so sagt er, „gehören im Leben dazu, das ist verständlich." und „man muss auch mal loben." So weit die Theorie. Praktisch sieht die Sache bei dem Möchtegern-Boss schon anders aus. Läuft etwas schief, schlägt Rüdiger sehr gern einen scharfen Ton an. Verständnis, zugegeben, wenn es denn sein muss, klingt anders. Tja, und an ein Lob aus seinem Mund kann sich auch niemand erinnern. Natürlich kann er auch freundlich sein. Bei den Beschäftigen des Gastronomiebetriebes ist er beliebt und auch mit der Kollegschaft spricht Rüdiger in einem freundlichem Ton, so lange alles funktioniert.

Alle in der Belegschaft des Wachunternehmens haben eine von der Geschäftsleitung herausgegebene Erklärung unterschrieben, dass insbesondere Spätdienste nicht früher als 30 Minuten vor dem offiziellen Feierabend beendet werden dürfen. Auch Rüdiger hat seinen „Kaiser Wilhelm," wie er es selbst nennt, darunter gesetzt. Daran halten sich jedoch nur die Wenigsten.

Dienste mit Rüdiger können gefährlich werden, wenn der Möchtegern-Boss länger als die andere Wachkraft arbeiten muss, weil er planmäßig später als die andere Sicherheitskraft angefangen hat. Geht diese etwa eine Stunde vor ihrem Feierabend nach Hause, leitet der Gerne-Groß das sehr gern an die Einsatzzentrale oder an die Geschäftsführung weiter und das auch noch mit dem größten Vergnügen. Dabei ist er keinen Deut besser als die anderen. Der Wachmann denkt nicht im Traum daran, die 30-Minuten-Regel für sich selber einzuhalten.

Dienstpläne sind wahrlich ein Kapitel für sich. Hier möchte ich von meinen eigenen Erfahrungen berichten. Aus der Sicht von uns Beschäftigen kommen diese oftmals „auf dem letzten Drücker." Das ist zwar ärgerlich, aber ist damit das Ende der Fahnenstange erreicht? Wir werden es an späterer Stelle sehen.

Frei-Wünsche sind das, was das Wort schon sagt: *Wünsche.* Ihnen kann statt gegeben werden oder eben nicht. Aber wie sieht es mit der Einhaltung der im Dienstplan stehenden freien Tage aus?

Während der Urlaubssaison im Sommer, um die Weihnachtszeit herum und auch sonst kann es durchaus auf Grund von krankheitsbedingten Ausfällen zu Mehrarbeit kommen. Dann wird geschaut, wer gerade keinen Eintrag im Dienstplan hat und schwupp klingelt das Telefon. Mir persönlich sind Fälle bekannt, in denen Kollegen und Kolleginnen nicht nur aus dem Frei, sondern sogar aus dem Urlaub geholt wurden. Letzteres verbunden mit dem Versprechen, dass aufgeschoben nicht aufgehoben ist!... Was machen dann die meisten Wachkräfte in einer solchen Situation? Genau! Sie trollen sich zur Arbeit.

Einst hat mir ein Kollege erzählt, dass Unternehmen dazu verpflichtet seien, für genügend Personal zu sorgen, um Engpässe möglichst zu vermeiden. Wenn das stimmt, was er sagte, müssten dann nicht alle Schichtbetriebe Rufbereitschaftsdienste einrichten? Wie es auch sei, in unserem Gewerbe ist mir kein Unternehmen bekannt, dass einen solchen anbietet. Aber auch hier gilt, dass das, was noch nicht ist, ja noch werden kann.

In früheren Zeiten betrug die Ruhezeit zwischen Arbeitsende und -beginn zwölf Stunden. Das habe ich selbst noch so kennen gelernt und was ich inzwischen erlebe ist, dass   es eine Stunde weniger ist. Aus eigener Erfahrung kann ich sagen, dass sich das im Laufe der Zeit ändert und mit steigendem Alter stets belastender wird. Zwölf Stunden arbeiten, elf Stunden Zeit zum erholen und dann wieder zwölf Stunden im Dienst, das geht auf die Knochen und gesund finde ich das ehrlich gesagt auch nicht gerade!...
Zuweilen klafft eine mehr oder weniger große Lücke zwischen Pausenregelungen und die Einhaltung derselben. Auch das kann ich aus eigenem erleben bestätigen. Im allgemeinen ist das nach meiner Wahrnehmung besser geworden, was nicht heißt, dass es nicht doch vorkommen kann.
All die oben geschilderten Schwierigkeiten sind vielleicht auch der Grund, weshalb es auch Wachleute gibt, denen es gar nichts ausmacht, erst gar nicht an das Telefon zu gehen, wenn der Betrieb anruft und sich damit sogar rühmen. Kollegialität geht anders. Manchmal kann das auch nach hinten losgehen, so wie bei Jörg M aus Lübeck.
Eines Abends ruft sein Chef an, um ihm mitzuteilen, dass er entgegen dem Eintrag im Dienstplan am nächsten Tag frei hat. Jörg reagiert nicht, ignoriert die in diesem Fall schöne Nachricht, hört auch seinen Anrufbeantworter nicht ab. Am nächsten Morgen steht er um 2:30 Uhr auf, macht sich fertig und fährt etwas über eine Stunde zur Frühschicht. Die beginnt offiziell um 6:00 Uhr, inoffiziell aber schon eine Stunde früher. Der Wachmann hätte so schön ausschlafen können!...

Hier ein Mittelmaß zwischen dem annehmen und dem ablehnen eines Zusatzdienstes zu finden ist nicht immer leicht. Außerdem ist es menschlich und normal, dass ein es zuweilen verdammt schwer fällt, sich zu fügen. In manchen Situationen geht es trotzdem nicht anders, als in den sauren Apfel zu beißen.

So wie bei Michael V aus Potsdam. Nach fünf 12-Stunden-Schichten am Stück freut er sich, an einem Samstag mal ausspannen zu können. Laut Dienstplan braucht er erst am kommenden Montagabend wieder arbeiten, hat frei. Michael wohnt mit seiner Frau in einem kleinen eigenen Haus in einem Vorort der Stadt. Am frühen Nachmittag wird der Grill angefeuert, knapp zwei Stunden später kommen die Nachbarn, mit denen sie befreundet sind, zu Besuch. Das Fleisch liegt auf dem Grill, allen läuft schon das Wasser im Mund zusammen, die ersten Biere sind geöffnet, die Stimmung ist wie immer sehr gut. Dann klingelt das Telefon. Bitte lass es nicht schon wieder die Arbeit sein, denkt Micha. Von mir aus kann anrufen, wer will, aber...

Doch es ist der Einsatzleiter, seine Nummer steht auf dem Display. „Scheiße, ich will nicht!" sagt er leise zu sich hinein. Einen Augenblick lang zögert der Wachmann, nimmt aber doch ab. Der Vorgesetzte berichtet ihm, dass ein Kollege krank geworden sei und niemanden außer ihn telefonisch erreicht habe. Er sei der einzige, der jetzt noch kommen könnte, es gehe doch um den Bewachungsauftrag des Kunden und sein Arbeitsplatz hinge doch dran, den er doch behalten wolle!...

Zuerst schießt es ihm durch den Kopf zu sagen, dass er bereits ein Bier getrunken habe. Alkoholisiert zu arbeiten ist bekanntlich nicht erlaubt. Aber den Chef anzulügen, damit fühlt er sich auch nicht wohl. Also sagt er widerwillig zu, verabschiedet sich von seiner Frau und den Freunden und fährt zu seinem Nachtdienst.

Möglicherweise hätte der Vorgesetzte sogar noch ein Auge zugedrückt und gesagt, dass ein kleines Bierchen ja nicht das Problem sei. Bis er im Dienst ankäme, wäre der Alkohol längst abgebaut. Aber eins ist auch klar: wenn er selbst mal etwas vor hat oder gar wegen Kranksein ausfällt ist er auch froh, wenn jemand für sie oder ihn einspringt.

So weit, so gut. Oder auch nicht. Denn niemand von uns kann überprüfen, ob es denn wirklich stimmt, dass in der Tat niemand aus der Kollegschaft erreicht werden konnte. Diese Macht haben wir selbstverständlich nicht. Immerhin entspräche es menschlichem Verhalten, gerade die Wachkraft anzurufen, bei der die Chefetage weiß, dass sie sofort alles stehen und liegen lässt und wie gewünscht stets zu Diensten ist. Das ist bestimmt nicht immer korrekt, aber bequem.

Wie in allen Schichtberufen gibt es auch bei uns einige Kolleginnen und Kollegen, die gar nicht bereit sind, Dienste zu tauschen. So wie die Wachfrau Clarissa S aus Ulm. Tauschen, weil jemand aus der Kollegschaft einen wichtigen Arzttermin hat? Bitte nicht mit ihr. Mehrere aus der Belegschaft haben immer wieder die Erfahrung gemacht, dass sie in puncto Dienste tauschen nicht gerade flexibel ist.

Bei ihrem Objektleiter Lothar N. gehen reihenweise Beschwerden über ihr Verhalten ein. Die Gescholtene gelobt Besserung, nur, die tritt nicht ein. Monate vergehen. Clarissa wird von der Geschäftsführung vorgeladen. Die Sicherheitsfrau ist keine schlechte Mitarbeiterin, ganz und gar nicht. Im Dienst ist sie fleißig und zielstrebig, macht ihre Arbeit sehr gut, ist gegenüber ihren Mitmenschen hilfsbereit. Wäre da nur nicht dieser eine gewisse Punkt. All das findet Erwähnung, als die Sicherheitsmitarbeiterin vor dem Personalchef sitzt. Er will sie im Unternehmen behalten. Nur weil sie nicht zum Diensttausch bereit ist, möchte er sie nicht entlassen. Ruhig und besonnen macht ihr der „Personaler" klar, dass sich ihr störrisches Benehmen, wenn auch nett umschrieben, im Arbeitszeugnis niederschlagen kann. Clarissa erkennt den Ernst der Lage, lenkt nicht nur verbal ein und ändert ihr Verhalten.

Herr A ist nicht nur ein studierter Volks- und Betriebswirt, sondern auch durch und durch Chef eines Wachunternehmens in Cottbus. Einer, der die Richtung, die zu gehen ist, vorgibt. Viele, die unter „seiner Fuchtel" arbeiten, empfinden ihn als hochnäsig. Als unnahbar. Wieder andere sagen aber auch, dass Herr A im Ton stets ruhig aber knallhart gemachte Fehler zwar anprangert, doch wenn dieser eingesehen und korrigiert wird, ist die Sache vom Tisch. Andererseits ist er sich auch nicht zu schade sich zu entschuldigen, wenn er jemanden zu Unrecht beschuldigt hat.

Dabei ist Herr A weder ein Sympathieträger noch ein Kumpeltyp, beides ist nicht seine Sache. Korrektes, ehrliches Verhalten aber schon. Das ist ihm genauso wichtig wie ein streng hierarchisches Denken, womit er sein Wachunternehmen leitet.

Einige mir persönlich bekannten Chefs, hauptsächlich männlich, scheinen mit dem Sicherheitsunternehmen, für das sie tätig sind, verheiratet zu sein. Sie sind andauernd im Dienst und anscheinend nur zum Schlafen zu Hause. Da kommen Fragen auf. Hat er keinen Menschen, der auf ihn wartet? Selbst im Urlaub ist er noch zu erreichen. Ist er unersetzbar? Viele Betriebe, so höre ich immer wieder, erwarten heutzutage von ihren Führungskräften ständige Erreichbarkeit.

Letztlich muss aber jede Führungskraft als eigenständiger und verantwortungsvoll handelnder Mensch auch selbst wissen, was sie macht. Wenn sie jedoch von ihren Angestellten verlangt, ebenfalls der Erwerbsarbeit bedingungslos stets Priorität einzuräumen, geht das in meinen Augen absolut zu weit.

Nichtsdestotrotz habe ich immer noch genügend Chefs erlebt, die aber genau das von uns einfordern. Nur allzu gern kommt das bereits erwähnte „Sie wollen doch Ihren Arbeitsplatz behalten!" ins Spiel. Hier ist es schon fast egal, ob es barsch oder freundlich formuliert wird, denn es ist eine am Ende noch schlecht versteckte Drohung, die die von oben gewünschte Wirkung trotz des Arbeitskräftemangels nur selten verfehlt. Zumindest nehme ich das so und nicht anders in der Kollegschaft und bei mir wahr.

Welchen Rang und welche damit verbundene wirtschaftliche Stufe wir aus der Sicht solcher Chefs und Chefinnen einzunehmen haben ist mir vollkommen klar, auch wenn das nicht oder nur selten offen ausgesprochen wird Am Ende haben wir bei ihnen fast immer zu springen um nicht zu sagen, zu parieren.

Aber ist das wirklich so einfach und zerbrechen nicht viele Freundschaften und vor allem Partnerschaften und Ehen daran, wenn das Pendel zu viel in Richtung Arbeit und zu wenig in Richtung Freizeit ausschlägt? Glücklich, wer eine Partnerin oder einen Partner hat, die oder der entweder Verständnis für die Probleme hat, welche die Wechselschichtarbeit mit sich bringt, oder noch besser, selbst ebenfalls in einem Schichtberuf tätig ist.

Immer mehr Menschen ist es wichtig, bei der Arbeit zwar nicht unbedingt Spaß aber doch Freude am jeweiligen Tun zu haben. Schon in den 1980er Jahren habe ich einen Spruch gelesen, der sich auf einen noch älteren bezog: „Arbeit ist das halbe Leben – aber wir wollen es ganz." Jahrzehnte später sind gerade wir Deutschen bildlich gesprochen noch immer dazu bereit, „das Leben" zu Arbeitsbeginn an der Garderobe abzugeben und es zum Arbeitsende wieder abzuholen. Dann *feiern* wir den *Abend,* haben *Feierabend.* Dieses Denken finde ich auch im Wachgewerbe.

Was mir im positiven Sinn auffällt ist, dass Chefetagen die Notwendigkeit eines guten Gleichgewichtes zwischen Arbeit und Freizeit erkennen können und das in ihrer Dienstplanung einfließen lassen. In einem mir bekannten privaten

Wach- und Sicherheitsunternehmen kann die Belegschaft sogar Sperrtage beantragen, die oft genehmigt werden. Auch unsere Berufssparte kann lernfähig sein.

Langeweile, Übungen und Havarien

Ob in Schulen, Industriebetrieben oder wo auch immer. Im Team oder alleine auf weiter Flur, in urbanen Zentren oder irgendwo auf dem Land. Sie kann uns überall erwischen, sofern die Umstände dafür günstig sind.
Roland H ist einer von mehreren Betriebsleitern in einem Sicherheitsunternehmen im mecklenburgischen Schwerin. Er meint, dass es nichts Schlimmeres gibt, wenn im Dienst Langeweile aufkommt. Die Zeit zieht sich und will einfach nicht vergehen. Dann wach bleiben zu *müssen* ist mehr als schwierig. Er hat vollkommen recht. Das Problem verstärkt sich sogar, wenn die Wachkraft in Wechseldiensten alleine arbeitet.Der Unterschied liegt auf der Hand. Sofern das Verhältnis untereinander im Team gut ist, können so dann und wann Unterhaltungen stattfinden.
Aber wie die Langeweile im *Einzel*dienst vertreiben, wenn innerhalb einer 12-Stunden-Schicht nur ein paar kurze Innenrunden innerhalb und ein paar Außenrunden außerhalb des Objektes zu zu laufen sind? Oder gar keine?
Die „Augendeckel" dürfen nicht zu gehen, genau da liegt in erster Linie nachts das Hauptproblem. Denn im Dienst in der Pforte sitzend einzuschlafen ist selbstverständlich alles andere als erlaubt.

Passieren kann es aber trotzdem; das ist nun einmal so, wenn im Wechselschichten gearbeitet werden muss, *gerade* wenn diese Arbeit hauptsächlich aus dem sitzen in der Pforte besteht. Wer dann sagt, dass das ihr oder ihm noch niemals passiert ist, flunkert zumindest. So lange es sich nur um einen Sekundenschlaf handelt, der nicht „alle Nase lang" passiert, kann darüber hinweg gesehen werden. Aber was kann unternommen werden, um auch das möglichst zu verhindern?

Marion D aus Weimar ist von ihrem Wachunternehmen in einem Holzbetrieb eingeteilt, in dem ein ganzjähriger Bewachungsauftrag gilt. Marion ist seit 18:00 Uhr im Nachtdienst, sitzt in einem Wachcontainer und ist allein im Objekt. Viel zu tun hat sie nicht, noch nicht einmal Kontrollrunden müssen gelaufen werden, was ihr gegenwärtig nur recht, denn draußen herrscht der Winter mit nasskalten Temperaturen um den Gefrierpunkt.

Ihr Kreuzworträtsel-Heft ist voll, im Fernsehen läuft auch nichts Interessantes. Bis zum Dienstschluss ist noch reichlich Zeit, was also anstellen? Marion hat schon immer gern gelesen und wollte schon immer einen Roman schreiben.

Gesagt, getan und weil sie stets einen Notizblock mit einem Kugelschreiber dabei hat, legt sie sofort los. So bleibt sie wach und im Hinterkopf ist ihr klar, dass sie sich letztendlich im Dienst befindet. Die Wachfrau bekommt alles Wichtige mit. Selbst wenn ein Ast auf das Containerdach fällt. ...

Was aber, wenn es wirklich einmal zu einem Brand, einem Rohrbruch oder zu einer wie auch immer gearteten Havarie kommt? Meistens passiert nichts dergleichen. Die Vorstellung, dass etwas passieren könnte, ist viel zu oft weit weg. Da hilft der Blick in die Dienstanweisung. In der steht haargenau, wie gehandelt werden muss, wenn ein Rohrbruch passiert, ein Feuer ausbricht, es zu einem Überfall kommt oder jemand mit einer Bombe droht und in welcher Reihenfolge wer angerufen wird.

Was uns Wachleute angeht ist es absolut nicht schädlich, sich öfters einmal die Dienstanweisung *gerade* in puncto Verhütung von Bränden durchzulesen. Eine Pflicht, die auch ich des öfteren gern verdränge. Aber was ist mit der anderen Seite und wie verhält sie sich zu diesem Thema?

Die meisten Wachbetriebe, in denen ich tätig war, taten sich mit der Durchführung solcher Übungen schwer, denn das kostet Aufwand, also Zeit und vor allem wieder einmal Geld. Sich um entsprechende Ausgaben und Aufgaben zu drücken ist für nicht wenige Wachunternehmen ein nur allzu bekanntes Problem, so habe ich es selbst sehr oft mitbekommen. Schlimmer noch, bis auf einen Wachbetrieb, in dem ich gearbeitet habe, wurde keine einzige solche Übung in den Unternehmen, bei denen ich tätig war thematisiert, geschweige denn durchgeführt.

Lars N arbeitet als Sicherheitsmitarbeiter in einer Fabrik in Mainz und hat Dienst, als eines Tages um Punkt 11:00 Uhr eine Brandschutzübung beginnt. Der Hausalarm geht los, die Mitarbeiterinnen und Mitarbeiter werden von ihm und seinem Kollegen aus dem Gebäude evakuiert und müssen sich zum Sammelpunkt außerhalb des Hauses begeben. Alles klappt reibungslos, nichts hätte noch besser laufen können. Wirklich nicht?

Anstatt die Übung wenigstens für das Wachpersonal als Ernstfall erscheinen zu lassen wird sie eine Woche zuvor auch dem Sicherheitsdienst angekündigt. Genau da liegt der Fehler. Ob die Geschäftsführung des Werkes ihre Belegschaft über die Maßnahme aufgeklärt hat oder nicht geht das Wach- und Sicherheitspersonal nichts an.

 Wichtig ist auch immer mal wieder das zu trainieren, was im Sachkundelehrgang gemäß Paragraph 34a einst gelehrt wurde. Wie war das denn beispielsweise noch mit der Deeskalation?

Nach dem, was ich in vielen Wach- und Sicherheitsunternehmen erlebt habe, sind es zu wenige, die in meinen Augen notwendige Auffrischungen durchführen. Glücklicherweise gibt es Ausnahmen.

Beate E arbeitet als Wachfrau an einem Empfangstresen in einem internationalen Kinderheim in Leipzig. Ihr Englisch ist recht brauchbar, jedoch nicht fließend. Glücklicherweise ist das Wachunternehmen, für das sie tätig ist, nicht nur theoretisch sondern auch praktisch daran interessiert, ihre Mitarbeitenden durch Schulungen mehr und mehr zu qualifizieren.

Beate kann, auch um vom Betrieb noch effektiver eingesetzt werden zu können, einen Englischkurs während ihrer Arbeitszeit belegen. Nur wenige Monate später hat sie die Möglichkeit, ihr Wissen um Deeskalation auffrischen. Die Kosten für beide Kurse übernimmt das Wach- und Sicherheitsunternehmen.

Steht das gesamte Land still...

...wenn die starke Sicherheitskraft es will? Mag sein, dass vieles still stünde, wenn wir so mir nichts dir nichts der Arbeit fern bleiben und landesweit von Flensburg bis Oberstdorf sowie von Aachen bis Eisenhüttenstadt streiken würden. Denn wie gesagt: wir sind überall. In Deutschland sowie weltweit. Und wir sind viele. Wir werden immer mehr. Also auf zur Streikwaffe, um es etwas abgewandelt mit dem alten Kaiser Wilhelm II zu sagen. Denn wir sind eine Macht, wir wissen es nur nicht. Gut gebrüllt, Löwe. Tatsächlich?

Meines Wissens sind zwar viele, die in der Luftassistenz arbeiten, gewerkschaftlich organisiert und gestreikt haben sie auch schon, aber bei uns „einfachen" Wachleuten nehme ich genau das Gegenteil wahr. Woran liegt es, dass Sicherheitsfachkräfte in Arbeitnehmervertretungen kaum zu finden sind?

Eine interessante Frage. Es zählt weder die früher ausgeübte Tätigkeit noch die unregelmäßigen Arbeitszeiten. Trotz guter Bedingungen, in unserem Gewerbe eine Arbeit zu finden, können viele erst einmal einen befristeten Arbeitsvertrag erhalten, den ich auch schon hatte.

Der kann nach meinem Kenntnisstand bis zu drei mal, meistens um ein Jahr, befristet werden. Danach gilt: entweder Festanstellung oder Entlassung. Wer dann noch eine Familie zu versorgen hat, dürfte meines Erachtens andere Sorgen haben, als sich gewerkschaftlich zu organisieren.

Es ist natürlich nicht repräsentativ, aber viele aus früheren aber auch aus meiner jetzigen Kollegschaft, mit denen ich gesprochen habe, haben ein eher geringes oder gar kein Vertrauen in Gewerkschaften. In meinen Augen können die eben genannten Gründe die Frage mit beantworten, warum es so ist, wie es eben ist.

Nach dem was ich mitbekommen habe, sind es weniger die Ungelernten, die in der Gewerkschaft aktiv mitarbeiten. Wenn, dann sind es diejenigen, die zuvor in einem anderen Gewerbe eine zwei- bis dreijährige Ausbildung oder ein Studium abgeschlossen haben. Um mal aus dem Nähkästchen zu plaudern: vor gut zehn Jahren habe ich noch in einigen Wach- und Sicherheitsbetrieben gearbeitet, in denen weder Betriebsräte noch Gewerkschaften ein Thema waren.

Herr O ist Personalchef eines Wachbetriebes in Heilbronn. Ihm ist es sehr wichtig, dass die ihm Unterstellten gesund bleiben. Körperlich, so sagt er, müssten die Sicherheitsfachkräfte nicht schwer arbeiten, die unregelmäßigen Arbeitszeiten seien das Problem. Im letzten Punkt teile ich seine Meinung, beim zweiten habe ich Bedenken. Selbst sitzende Tätigkeiten können wie gesehen bei entsprechend schwierigen Rahmenbedingungen durchaus körperlich belastend sein.

Das Wechselschichten gesundheitliche Probleme machen können habe ich des öfteren am eigenen Leib erfahren dürfen. Könnte uns die Gewerkschaft helfen, wenn sie drohen auszuufern? Sofern die Arbeitsschutzgesetze eingehalten werden wohl eher nicht.

Wie steht es um die Work-Live-Balance und die Vereinbarkeit von Familie und Beruf? Hier Arbeitszeitmodelle zu erarbeiten, die trotz vieler Schichtarbeitsstellen mehr Zeit für Familie und Freizeit schaffen, in diesem Punkt könnte die Gewerkschaft eine wichtige Partnerin gerade für die Wachunternehmen sein, die sich mit diesem Thema aus welchen Gründen auch immer noch nicht auseinandersetzen konnten. Denn es geht um mehr, als sich für höhere Löhne einzusetzen, was ja ihr angestammtes Recht ist.

Die *Ve*reinigte *Di*enstleistungsgewerkschaft *Ver.di,* die für uns zuständig ist, muss dazu bereit sein, jenseits alter Trampelpfade neue Wege zu gehen und dafür ihre gesamte Kraft einsetzen.

Sind Arbeitszeitkonten im Wachgewerbe ein Tabuthema? In einer mir bekannten Kultureinrichtung existieren mehrere Arbeitszeitmodelle, in denen die Wach- und Sicherheitskräfte in Sechs- Acht- und Zwölfstundendiensten flexibel eingesetzt werden können. Bei Arbeitszeitkonten hört die Flexibilität auf. Dieser Bereich bleibt soweit ich weiß in unserer Berufssparte unangetastet.

Frauen, die in unserem Land Karriere machen und in höhere Sphären gelangen möchten, haben es meistens bekanntlich schwer, das real umzusetzen. Das ist nach meinen Beobachtungen in unserem Gewerbe trotz vorhin genannter Ausnahmen nicht anders. Frauenförderung steckt nach dem, was ich täglich erlebe, in unserer Branche immer noch in den Kinderschuhen.

Könnte Ver.di hier eine wichtige Rolle spielen, um mehr Frauen in höchste Hierarchiestufen zu verhelfen, und somit neuen Wind in die Männerbünde zu bringen? Um das zu erreichen, wäre der Aufbau eigener, weiblicher Netzwerke in meinen Augen unabdingbar, um notwendige Erfahrungen auszutauschen und neue Wege zu finden, damit die Machtausübung zwischen Frauen und Männern gerechter verteilt wird.

Das traditionelle Rollenbild reicht aber noch über die gleiche Bezahlung hinaus. Spätestens, wenn ein Baby unterwegs ist, heißt es fast immer: der Mann geht zur Arbeit hinaus, die Frau hütet Kinder und Haus. So manche kinderlose Wachfrau sieht genau so und nicht anders. All das bekomme ich immer wieder zu hören. „Das Kind gehört zur Mutter." Den Satz kenne ich mehr als gut. Für mich gehört der Nachwuchs ebenso zum Vater.

Und in eine vom Wach- und Sicherheitsunternehmen eingerichtete Kindereinrichtung, die rund um die Uhr ganzjährig geöffnet hat. Ein Traum, der höchstwahrscheinlich aus Kostengründen stets einer blieben wird. Wohl deswegen ist mir kein Wachbetrieb bekannt, der eine dementsprechende Einrichtung betreibt. Noch nicht einmal für Führungskräfte und schon gar nicht für „einfache" Wachleute.

Schon wegen der immer noch gängigen Wechselschichten im Sicherheitsgewerbe ist meistens klar, wer zu Hause bleibt, wenn sich Nachwuchs einstellt. Mir persönlich sind mehrere frühere und aktuelle Kollegen bekannt, die nach ihren Äußerungen Väter sind aber wie selbstverständlich immer noch in Vollzeit arbeiten gehen. Ihre Partnerin bleibt, ebenfalls wie selbstverständlich, daheim. Ein tradiertes, nicht böse gemeintes aber trotzdem gestriges Denken und Handeln, das nicht nur bei ihnen zu finden ist.

Immer noch haben nach meinem Dafürhalten hauptsächlich männliche Chefs gerade in unserer Berufsgruppe ein oftmals konservativ angelegtes Familienbild, was dieses Problem noch verstärkt. Bedauerlicherweise wird dabei nur allzu oft übersehen, dass zufriedene Väter gewinnbringende Arbeitnehmer darstellen. Dazu gehört, dass sie auch jenseits aller Klischees ihre Vaterrolle einnehmen können und dürfen.

Könnte Ver.di dabei unterstützend eingreifen, um nicht nur dieses strukturelle Problem zusammen mit den Betriebsräten, den Geschäftsleitungen und den Belegschaften zu lösen? Der gespannte Bogen beginnt denke ich bei den Arbeitszeitkonten und reicht über die Frauenförderung bis hin zur Work-Life-Balance. Ist da etwas zu hören? Ich lausche und schaue in das Land hinein und vernehme - nichts. Oder habe ich da etwas verpasst?

Wären Streiks und Demonstrationen von „einfachen" Sicherheitsmitarbeitenden überhaupt eine *sinnvolle* Möglichkeit, um auf alle eben aufgeführten Probleme auch außerhalb der Lohnfrage öffentlich aufmerksam zu machen?

Demos wären in meinen Augen besser dafür geeignet als Arbeitsniederlegungen. Egal, ob auf der Theresienwiese in München, dem Alexanderplatz in Berlin oder wo auch immer. Jede deutsche Großstadt hat mindestens einen sehr großen Platz, auf dem machtvolle Demonstrationen stattfinden können. Eine gewerkschaftliche Unterstützung wäre auch in diesem Punkt wert- und sinnvoll. Unbeteiligte Dritte würden damit vor allem finanziell anders als bei Streiks gar nicht belastet.

Denn wir sind Dienstleistende und sollten uns davor hüten, unsere *dafür zahlende* Kundschaft in etwaige Konflikte mit den Arbeitgebenden mit hineinzuziehen. Was wäre der Preis, wenn wir diejenigen, für die wir arbeiten, bei einem Streik in *Geiselhaft* nehmen würden?

Zuerst stelle ich mir enorme ökonomische Schäden für die privaten Sicherheitsunternehmen vor, weil höchstwahrscheinlich ein großer Teil der Kunden und Kundinnen abspringen würde.

Um so zu handeln kann schon ein in ihren Augen zu hoher Mindestlohn genügen und genau dass ist es, was ich befürchte.

Könnten Verluste entstehen, die dann weitestgehend durch verstärkte Anstrengungen kompensiert werden, um geplante Überwachungssysteme schneller zu realisieren und die bereits vorhandenen weiter auszubauen, um die verbliebene Kundschaft halten zu können? Was mich dabei sehr besorgt ist, dass ein darauf folgender immenser Arbeitsplatzabbau unausweichlich wäre. Das kann niemand von uns wollen. Um es glasklar zu sagen, es geht nicht darum, für oder gegen Streiks zu sein. Es gilt, dessen Folgen zu bedenken und die könnten wie beschrieben sehr gravierend sein.

In der letzten Zeit habe ich mit ehemaligen und jetzigen Kolleginnen und Kollegen über dieses Thema gesprochen. die das ähnlich sehen und sich daran erinnern, dass wir keinen Ausbildungsstatus in der Wach- und Sicherheitswirtschaft haben und als Hilfskräfte gelten.

Falls bei Problemen mit Vorgesetzten Gespräche in eine Sackgasse führen steht uns das Recht zu, bis vor das Arbeitsgericht zu gehen. Zahlungsunwillige Kundschaft ist ein Problem auf höheren Ebenen und kein Streikgrund.

Wenn deswegen keine Löhne gezahlt werden, dürfen wir falls notwendig auch dann den Rechtsweg beschreiten. Aber so, wie ich die Lage sehe, wird es auch in Zukunft weder zu Demos und schon gar nicht zu Streiks kommen.

Von der „Firma Horch und Guck"

Gemeint ist hier der Geheimdienst der DDR, die Staatssicherheit, kurz „Stasi" genannt. Horst T war früher ein hochdekorierter Stasi-Mitarbeiter, der mehrere Jahre an der „Staatsgrenze West" nahe Salzwedel im früheren Bezirk Magdeburg und heutigen Sachsen-Anhalt seinen Dienst verrichtet hat. Anfang der 1990er Jahre zieht er ins badische Pforzheim und heuert in einem Wachunternehmen an.

Horst ist im sächsischen Zwickau groß geworden und das ist zu hören, wenn er spricht. Schon allein deswegen hat er von Anfang an mit Vorurteilen zu kämpfen. „Ossis," so wird ihm gesagt, müssten erst einmal „arbeiten lernen." Als er von einem Kollegen hört, dass „die in der Zone doch alle nur Russisch sprechen" und er verwundert gefragt wird, woher er so gut Deutsch kann, wird es ihm zu bunt. „Habt ihr nach 1945 alle lediglich Französisch gesprochen? Schließlich waren eure Besatzer von der anderen Rheinseite!"

Gerade in den ersten Jahren scheint die Angst vor „den Kommunisten" noch sehr präsent zu sein. Auch konnten sich „die Menschen in der Zone nicht richtig satt essen." Damit nicht genug. „Überall" wurden die „Zonenbewohner von der Stasi ausspioniert" und „an Mauer und Stacheldraht daran gehindert, in die Freiheit gelangen zu können." Ihm ist bewusst, dass er selbst an diesem System mitwirkte, vor allem, was die beiden letzten Punkte angeht.

Dem früheren Stasi-Major fällt gleichfalls auf, dass ihn niemand nach dem Warum fragt. Was Wahrheit und was Legende ist. Schon gar nicht wird danach gefragt, wie man wohl selbst in seiner Lage gehandelt hätte, wenn der Geburtsort nicht in der Bundesrepublik, sondern in der DDR gewesen wäre. In der ersten Zeit behält Horst seine jüngste berufliche Vergangenheit für sich.

Der Wachmann lässt sich nicht unterkriegen und er ist sich auch nicht zu schade, im privaten Sicherheitsgewerbe ganz unten anzufangen. Für die ersten fünf Jahre arbeitet er als Detektiv in einem Kaufhaus mitten in der Pforzheimer Innenstadt und lernt in dieser Zeit seine spätere Frau kennen, die ihm vorurteilsfrei begegnet. Sie schätzt an ihm seine vortreffliche Menschenkenntnis, seine hervorragende Beobachtungsgabe und nicht zuletzt seinen Kampfgeist. Denn Horst beißt sich durch, bringt es bis zum Personalleiter. In dieser Position ist er bis heute.

Ach, übrigens, fast hätte ich es vergessen: Horst heißt im wahren Leben natürlich anders und auch der Rest des Falles ist selbstverständlich wie alle anderen, die in diesem Buch vorkommen, anonymisiert.

Meiner Meinung nach dürften höchstwahrscheinlich einige Ex-Stasi-Leute in unsere Branche gegangen sein und blieben wie gesehen nicht nur in ihrer alten Heimat Ostdeutschland. Vielleicht hat sich auch ein Teil von ihnen selbstständig gemacht und baute in Deutschland oder irgendwo anders ein eigenes Sicherheitsunternehmen auf. Warum ich das glaube? Wegen ihrer Berufserfahrung und weil sie eine sehr hohe Auffassungsgabe haben dürften. Für mich erscheint es absolut logisch, dass sie all das in allen Bereichen unseres Berufszweiges sehr begehrt macht. Selbst manche, die bei der DDR-Volkspolizei mitwirkten, arbeiten heute im privaten Wachgewerbe. Nach meiner Erfahrung allerdings meistens dann, wenn sie pensioniert sind und Zuhause nicht nur herumsitzen wollen.

Es geht auch anders

Florian H arbeitet zwei Jahre als Wachmann in einer Flüchtlingsunterkunft in Regensburg. Danach wechselt er das Sicherheitsunternehmen. Jetzt ist er für ein Transportunternehmen in derselben Stadt als Sicherheitskraft tätig. Gegenüber seinem neuen Kollegen Sebastian G rühmt er sich seiner dortigen Taten.

Als er mit einem ebenfalls dort arbeitenden Sicherheitsmann Flüchtlinge zusammengeschlagen hat hätte das, so prahlt er, riesigen Spaß gemacht. So, wie sie sich benähmen, überall Unordnung, die könnten noch nicht einmal richtig die Toilette benutzen. Darum hätten sie es nicht besser verdient, weil *das* Tiere und keine Menschen seien!

„Floh," wie er im Kollegschaftskreis genannt wird, ist auf dem ersten Blick ein zuvorkommender, freundlicher Mann und wirkt nicht sofort so, als wäre er menschenfeindlich und rassistisch eingestellt. Aber dass der Sicherheitsmitarbeiter ebenso eine sehr dunkle Seite hat, beweist er bedauerlicherweise auch. Das es wie in vielen Fällen auch anders geht zeigt sich beim nächsten Fall aus dem schönen Freiburg im Breisgau. Dort arbeitet, schafft, wie es dort heißt, Xaver L in einem Obdachlosenheim. Er zeigt meistens Verständnis für die Gescheiterten, die aus allen gesellschaftlichen Schichten kommen und kennt viele

Lebensgeschichten der inzwischen längst nicht mehr nur männlichen Bewohner der Unterkunft. Partnerschaften, die zerbrachen, Schulden, die aus diversen Gründen entstanden, Alkoholmissbrauch, häusliche Gewalt, das ganze Programm.

Weshalb Xaver meistens so einen guten Draht zu den Gestrandeten hat, hängt auch an seiner eigenen Lebensgeschichte zusammen. Der Wach- und Sicherheitsmann ist alkoholkrank aber seit vielen Jahren trocken. Aus dieser Tatsache heraus ist ihm stets bewusst, dass Obdachlosigkeit *alle* treffen kann, wobei es vollkommen gleichgültig ist, wie das Leben vorher war.

Menschen wie Xaver gibt es in unserem Gewerbe mehr, als es in der Öffentlichkeit wahrgenommen wird. Im Internet gibt es in Foren einen regen

Austausch auch und *gerade* von Sicherheitskräften, die sich *gegen* den Rassismus stellen und sich für Toleranz und Menschlichkeit einsetzen. Aber nur so kann es funktionieren. Was unbedingt geschehen muss ist, dem rassistischen und sexistischen Gedankengut öffentlichkeitswirksam die Stirn zu bieten und sich ihm in den Weg zu stellen.

Rassismus und Sexismus in der Kollegschaft

Es geht ausnahmslos zu weit, wenn Menschen wegen ihrer Hautfarbe, ihres Glaubens, ihrer sexuellen Orientierung, ihrer politischen Einstellung oder auf Grund ihrer Geschlechterzugehörigkeit oder einer Behinderung abgelehnt werden.
Wie oft nach solchen Entgleisungen einfach zur Tagesordnung übergegangen wird weiß ich leider nicht, nehme aber an, dass genau das durchaus passiert.
Rassistische Vorkommnisse können innerhalb von Kollegschaften genauso präsent sein wie sexistisches Benehmen. Beides findet entweder direkt oder hinter dem Rücken der Betroffenen statt, wer von uns privaten Sicherheitskräften hat das noch nicht erlebt? Aber was sind die Gründe dafür? Selbst wenn ich mich erneut wiederhole, meiner Meinung nach ist auch hier unsere patriarchal geprägte weiße Gesellschaft federführend, und zwar insbesondere auch deshalb, weil wir hellhäutigen die Mehrheit bilden.
Sexistisches und rassistisches Verhalten hat für mich viel mit Macht aber auch viel mit Ängsten vor den zu uns kommenden Fremden zu tun. Ängste zu

entwickeln entspricht menschlichem Verhalten. Was mich in meiner Laufbahn in der Sicherheitsbranche verwundert hat ist zu erleben, dass Rassismus und Sexismus nicht nur bei sozial Benachteiligten vorkommt, im Gegenteil.

Es scheint sich quer durch alle Gesellschaftsschichten zu ziehen, insbesondere bei denen, die wegen ihrer Qualifikation weniger Furcht um den Verlust des Arbeitsplatzes haben müssen. Selbstverständlich ist auch dann kein einziger rassistischer oder sexistischer Übergriff hinnehmbar. Die oder der Vorgesetzte muss unverzüglich davon unterrichtet werden, wenn es passiert. Dem Übergreifenden muss klar gemacht werden, dass es sich bei Flüchtlingen um gleichwertige Menschen handelt, die wie alle anderen in Ruhe und Frieden arbeiten und ihr Geld verdienen möchten, um damit ihren Lebensunterhalt eigenständig bestreiten zu können.

Gute, mir bekannte Deeskalationskurse beinhalten solche Themen und können bei allen Beteiligten entscheidend dazu beitragen, entsprechende Konflikte gar nicht erst entstehen zu lassen. Die Realität sieht jedoch oft anders aus. Vertiefen wir das mit einem Fall.

Leider existieren zuweilen auch sehr unschöne Geschichten, die in manchen Kollegschaftskreisen erzählt werden. Ein Sicherheitsbetrieb nimmt einen Auftrag von einer großen Schule im nordhessischen Kassel an. Jetzt werden händeringend Arbeitskräfte gesucht und gefunden, jedoch nicht nur inländische. Der Markt scheint wie leergefegt. Auch deshalb stellt das Unternehmen syrische Flüchtlinge ein.

Schnell kommt es zu Gerüchten, die meistens ohne zu hinterfragen weitergegeben werden. Im Pausenraum, den die Lehranstalt extra bereit gestellt hat, kommen Andreas K und Claudia S miteinander ins Gespräch. „Am helllichten Tag haben sich einige Flüchtlinge untereinander eine Messerstecherei geliefert. Die können weder arbeiten noch Deutsch," meint Andreas. Claudia pflichtet ihm bei. „Diese faulen Syrier sollen gefälligst nach Hause gehen und ihr Land wiederaufbauen. Die setzen sich ins gemachte Nest und kriegen alles in ihren Arsch gesteckt!"
Um nicht falsch verstanden zu werden: natürlich kann die Messerstecherei auch wirklich passiert sein. Wenn dem so gewesen ist, ist es zwar ihre Aufgabe der oder dem Vorgesetzten, den Fall zu melden, damit sie oder er den Fall gegebenenfalls mit der Polizei aufklären kann.
Zum Schluss schaden Claudia und Andreas mit solchem Gebaren nicht nur den vielen Sicherheitsleuten, die sich korrekt verhalten, sondern ebenso dem Unternehmen, für das sie arbeiten und am Ende sich selbst. Ob die zwei, die hier stellvertretend für alle anderen, die ähnlich denken und handeln, diesen Fakt überhaupt bemerken oder ihn bedenken? Zu hoffen bleibt es, damit bei ihnen ein Umdenken überhaupt möglich ist und beginnen kann.
Was ich leider annehme ist, dass die plumpe, sexualisierte Anmache bedauerlicherweise in allen Branchen existiert, also auch bei uns. Nur weil es zum Glück in der eigenen Kollegschaft nicht vorkommt heißt das leider nicht, dass es überall so ist. Das wäre zu schön, um wahr zu sein.

Ist Sexismus in Kollegschaftskreisen trotz der #-Mee-to-Debatte noch immer ein Tabuthema? Im Internet habe ich darüber trotz großer Recherche erstaunlicherweise nicht viel in Erfahrung bringen können, insbesondere, was explizit das Wachgewerbe betrifft. Also müssen wieder eigene Erlebnisse herhalten, in gewohnt veränderter Form, versteht sich.

Axel T und Jan M bewachen für einen Wachbetrieb in Flensburg ein Einkaufszentrum und freuen sich, dass sie ab heute mit einer neuen Kollegin arbeiten. Ramona B ist wie die beiden Wachmänner Mitte 40 und ist sich ihrer äußeren, attraktiven Erscheinung durchaus bewusst. Auch menschlich läuft es von Anfang an gut. Beide Kollegen sind positiv von der Neuen angetan und unterhalten sich über sie.

Ramona sei eine „echte Sahneschnitte“ und „eine Perle“ meint Jan. Axel ergänzt, dass die Kollegin schon „eine süße Maus“ sei. Ramona hat das Gespräch mitbekommen, flachst die beiden an und meint, dass sie nun ihrerseits zwei „niedliche Mäuseriche“ vor sich habe. Ihre Kollegin nimmt es mit Humor, trotzdem schauen Jan und Axel verdutzt und entschuldigen sich bei ihr.

Perle, Sahneschnitte, süße Maus und ähnliche Begrifflichkeiten verniedlichen Frauen. Im Endeffekt würdigen sie sie herab, selbst wenn all das gar nicht boshaft gemeint ist. Ganz zu schweigen vom berühmten *V-Wort*, das sogar eine Beleidigung darstellt.

Wie in diesem Beispiel würden viele Wachmänner wohl mehr als verwundert aus der Wäsche gucken und sich die Augen reiben, wenn Kolleginnen sie so

wie gerade eben beschrieben bezeichnen würden! Nach dem, was ich mitbekomme, sind viele *Kollegen* Gleichbehandlung nicht gewohnt. In solchen Fällen heißt es auch hier, dass wenn zwei das gleiche tun, das noch lange nicht dasselbe ist. Wie rassistisches Denken und Handeln fängt auch das Sexistische im Kopf an. Genau dort muss angesetzt werden.
Diese „Herren" nehmen sich Rechte heraus, die sie nicht haben. Die absolut niemand hat. Anzügliche Blicke und diskriminierende Äußerungen sind tabu. Eine schwarze, deutsche Wachfrau fasst ungefragt einem weißen, deutschen Wachmann in sein volles Haar. Unvorstellbar? Eben! Und umgekehrt?
Mir selbst ist ein Wachunternehmen bekannt, in dem alle dort Beschäftigen Sicherheitsleute eine Erklärung unterschreiben müssen, in der Rassismus und Sexismus als Menschenverachtung geächtet wird. Wer meint diese Regel ignorieren zu können, kann dadurch leicht den eigenen Job riskieren.

Der alltägliche Umgang im kollegialen Kreis

Das „Du" ist im Sicherheits- und Wachgewerbe fast überall gang und gäbe. In einigen Wachunternehmen ist es sogar Usus, die Vorgesetzten zu duzen. Flachere Hierarchien sollen so erreicht werden, ohne den Respekt vor den Chefinnen und Chefs zu verlieren. Im Allgemeinen klappt das auch. Trotz ihres höheren Ranges sehen sie sich als Teil der Kolleginnen und Kollegen, die ihren Untergebenen auf Augenhöhe begegnen möchten.

Das Ziel ist eine entspannte Arbeitsatmosphäre. Jedoch neben aller ehrlich und ernst gemeinten Menschlichkeit geht es denke ich auch um ein Kalkül, das hier aufzugehen scheint.

Es kann gar nicht oft genug wiederholt werden, dass, wer sich im Arbeitsleben wohl fühlt, mehr leistet. Am Ende steht – wieder einmal – der monetäre Gewinn für die Unternehmen im Fokus, die auf eine strikte Rangordnung verzichten. Der kann, so denke ich, sogar höher sein als bei denen, die weiterhin auf eine konservative Rangfolge setzen.

Vorgesetzte zu duzen und das vielleicht nach wenigen Tagen oder Wochen fällt nicht allen leicht. Heike H ist seit gut zwölf Jahren im Wachgewerbe tätig und hat gerade eine neue Stelle in einem Kieler Sicherheitsunternehmen angetreten.

Schon beim Bewerbungsgespräch in einem Hallenbad einige Tage zuvor ist ihr der angenehme Umgangston der vielleicht künftigen Kollegschaft aufgefallen. Ihr Chef, Herr A, ein Mitdreißiger, ist ein aufgeschlossener Typ, dem es leicht fällt, auf Menschen zuzugehen. Beide sind sich sympathisch, gehen aber noch förmlich per Sie miteinander um. Er stellt sie ein.

Nach nur wenigen Tagen stellt sich Herr M Heike gegenüber als Sven vor und bietet ihr das Du an. Sie nimmt es nach außen hin an, denkt aber, wenn sie mit ihm spricht, immer noch in der Sie-Form. Es fällt ihr schwer, ihn zu duzen, eben weil er doch letztlich ihr *Vorgesetzter* ist.

Das hat auch damit zu tun, dass er ein Mann und sie eine Frau ist. Bei Frauen, die ihr vorgesetzt sind, fällt ihr das Duzen leichter. Es dauert einige Monate, bis es ihr leichter fällt, das innere „Sie" abzulegen und Sven ganz selbstverständlich mit „Du" anzusprechen. Auch sonst ist sie mit allen per Du. Mit allen? Nicht ganz. Nach wenigen Wochen lernt sie ihren Kollegen Herrn J kennen. Als „Frischling" fragt sie bei jeder neuen kollegialen Begegnung, wie sie oder er angesprochen werden möchte. Herr J möchte lieber ein „ehrliches, freundliches Sie als ein plumpes Du und das auf alle Fälle in der ersten Zeit" wie er betont. „Schließlich kennen wir uns noch nicht." sagt er im Ton freundlich und zutreffend. Die 58jährige akzeptiert das sofort.

Die Wachfrau macht mit ihrer Frage, welche Anrede gewünscht ist, meistens die Erfahrung, dass das „Du" vollkommen in Ordnung ist. Zuweilen ist es ihrem Gegenüber auch egal, ob sich geduzt oder gesiezt wird. Manchmal wird sie auch gefragt, wieso sie überhaupt fragt?!...

Nach einem ihr als äußerst unangenehm im Gedächtnis haften gebliebenem Vorfall in einem anderen Sicherheitsunternehmen möchte sie „sich nicht erneut die Finger verbrennen." Damals hatte sie Tagesdienst in einem Objekt, dass rund um die Uhr bewacht wurde. Einige Stunden vor der Schichtübergabe sagte ihr Kollege, dass sie eine Julia etwa 30 Minuten vor Schichtende ablösen wird. Als die besagte Kollegin zum Dienst erschien, ging Heike mit ausgestreckter Hand auf ihr Gegenüber zu, begrüßte sie mit ihrem Vornamen und stellte sich vor. „Für Sie immer noch Frau P!" war die entrüstete, fast schon unfreundliche Antwort.

Hinterrücks reden, das ist immer wieder ein Thema. Einige können damit jedoch nur schwerlich umgehen und erwarten, dass im Positiven wie im Negativen alles offen ausgesprochen wird. Natürlich ist das erstrebenswert und es macht das (Arbeits)leben leichter. Nur sehen das nun mal nicht alle so. Eine Binsenweisheit, die letztlich nicht zu ändern ist, solange Menschen miteinander arbeitet.

Für mich ist es einfach eine Charakterschwäche, wenn hinter dem Rücken anderer getuschelt wird. Selbstverständlich ist niemand, auch ich nicht, ganz frei davon. Falls es aber zur Regel wird, ist das weniger schön. Aber sollen sie reden. Niemand muss sich nach Dienstschluss mit irgendwem aus der Kollegschaft privat treffen, noch nicht einmal auf ein Bierchen.

Worüber meiner Erfahrung auch gern gelästert wird ist die angebliche oder tatsächlich vorhandene sexuelle Orientierung von Mitarbeitenden und zwar hauptsächlich dann, wenn diese eben nicht dem angeblich üblichem „Mainstream" entspricht. Aber wen geht diese absolute Privatangelegenheit etwas an? Leidet etwa die Arbeitsqualität darunter? Nein, auf gar keinen Fall.

Ein weiterer Punkt sind Behinderte, die in der privaten Wach- und Sicherheitsbranche arbeiten. Wer sich über sie lustig macht, obwohl sie die ihnen übertragene Arbeit meistens einwandfrei erledigen bedenkt dabei nicht, dass wir alle im Laufe unseres Lebens eine Behinderung „erwerben" können und uns nicht nur darüber freuen sollten, wenn das während unserer Lebenszeit nicht eintritt, im Gegenteil. Wer unbehindert geboren wurde, hatte einfach nur Glück. Folgendes soll hier nur mal als Randnotiz Erwähnung finden, einfach, weil sich jede und jeder mal verspätet und den vorgesehenen Dienst nicht pünktlich antreten kann. Anrufen und Bescheid sagen können aber – auch und gerade auch im Wachgewerbe – oftmals die wenigsten, obwohl eigentlich alle ein Handy besitzen. Ärgerlich aber leider wahr.

Nicht nur in unserer Berufssparte gibt es leider auch Wachleute, die sich wegducken, wenn die Kollegin oder der Kollege dienstlich in Schwierigkeiten steckt, in die sie oder er vielleicht unverschuldet hineingeraten ist. Mal abgesehen davon, dass ein solches Verhalten absolut unkollegial ist, ist es nicht minder kurzsichtig. Alle von uns können unverhofft in Situationen geraten, in denen wir Hilfe benötigen. Ob unverschuldet, aus Unachtsamkeit oder aus welchem Grund auch immer.

Geschriebene und ungeschriebene Regeln

Wie bei uns Dienstanweisungen verfasst werden ist sehr interessant, denn sie legt einiges offen, wie unser Sprachverständnis geprägt ist. „Die Nennung Mitarbeiter" heißt es da, sei „geschlechtsneutral" und „erfasse Beschäftige jeden Geschlechts." Mal angenommen, dass dasselbe für die „Nennung Mitarbeiterinnen" gelten und auch geschrieben würde.

Wir wären verwirrt, dächten höchstwahrscheinlich nur an *Mitarbeiterinnen,* obwohl das Wort *Mitarbeiter* doch darin steckt, denn diese neue Denk- und Sprachweise ist uns alles, nur nicht vertraut. Wie ungewohnt sie immer noch ist, zeigt der folgende von mir etwas gekürzt übernommene Satz aus einer

Dienstanweisung: „*Die* Sicherheitskraft ist dazu verpflichtet, die *ihm* zur Verfügung gestellte Dienstkleidung pfleglich zu behandeln." Die Grammatik ist hier leider richtig, obwohl es ebenso „...die *ihr* zur Verfügung gestellte Dienstkleidung..." heißen könnte. Heißt es aber nicht.

Wie tief eine gewisse Sprachgewohnheit über 30 Jahre nach dem Ende der DDR nach meinem Dafürhalten immer noch sehr verbreitet ist, zeigt das folgende Beispiel. Regina V aus Sassnitz in Mecklenburg-Vorpommern würde sich zwar niemals als Wach*mann* bezeichnen, als Sicherheits*mitarbeiter* aber schon.

Bevor sie in der privaten Wachbranche anfing war sie im Rostocker Hafen, wie sie selbst sagt, als *Kranführer* tätig. Wer sie nach ihrem erlernten Beruf fragt, wird von ihr stets die männliche Variante hören. Mit dieser Regel ist sie zusammen mit vielen anderen DDR-Frauen aufgewachsen.

Eine auch sehr häufig anzutreffende *ungeschriebene* Regel ist die sehr frühe Ablösung des vorigen Schichtdienstes, obgleich die dazu *geschriebene* Regel in vielen mir bekannten Dienstanweisungen anders lautet. Nämlich, dass zehn Minuten vor Dienstbeginn abgelöst und eine – zugegeben, unbezahlte – Dienstübergabe „erfolgen" muss, wie es so schön heißt. Soweit die Theorie.

In der Praxis wird gerne eine halbe Stunde und noch viel lieber eine ganze Stunde vor dem offiziellen Dienstanfang abgelöst. Frei nach dem Motto, der frühe Vogel fängt den Wurm. Wer da meint, der frühe Piepmatz kann mich mal, kann sich im Team sehr schnell unbeliebt machen. Nach acht, zehn oder gar zwölf Stunden im Dienst möchte die Sicherheitskraft „den Laden nicht mehr sehen." was nachvollziehbar ist.

Natürlich bleibt die Arbeitszeit was die Stundenzahl angeht dieselbe, und es ist gleichgültig, ob zehn oder sechzig Minuten früher abgelöst wird. In den meisten Objekten, die wir bewachen, scheint sich das oben beschriebene Prozedere aber durchgesetzt zu haben. Anders kenne ich es kaum. Mit gehangen, mit gefangen. Logisch geht anders!...

Der Wachmann Paul L bekleidet einen Einzelposten in einer kommunalen Einrichtung in Lüneburg. Heute ist er im Nachtdienst eingeteilt, der um 18:00 Uhr beginnt um um 6:00 Uhr früh endet. Weil das Nebengebäude, in dem er tätig ist, tagsüber vertraglich unbewacht bleibt, schließt Paul das Haus bereits 45 Minuten vorher zu und gibt den Generalhauptschlüssel in der Pforte des Hauptgebäudes ab. Der Sicherheitsmann möchte unbedingt „seinen" Bus pünktlich erreichen, um so schnell wie möglich ins Bett zu kommen.

So verständlich ein solcher Wunsch ist: Paul bedenkt dabei nicht, dass er einen eklatanten Vertrauensbruch begeht und zwar in doppelter Weise. Zum einen gegenüber der Stadt Lüneburg, mit der sein Arbeitgeber einen Vertrag auf vertrauensvoller Basis abgeschlossen hat und zum anderem gegenüber dem Wachbetrieb, für den er arbeitet. All das passiert unüberlegt und nicht in böser Absicht, kommt aber immer mal wieder vor.

In vielen Objekten existieren Wachposten, die während des Dienstes nicht verlassen werden dürfen. Wenn dem so ist, steht das in jeder entsprechenden

Dienstanweisung. Bevor der Darm oder die Blase allzu sehr drückt, muss über Funk Bescheid gegeben werden, dass eine Ablösung benötigt wird.

Bis die endlich kommt, kann auch mal einige Zeit vergehen. Aus eigener Erfahrung kann ich sagen, dass das Einhalten dieser Bestimmung nicht immer leicht fällt und manchmal auch mit der Hoffnung, nicht ertappt zu werden, umgangen wird. - Wenn ein solcher Posten nicht zur Toilette gehen kann, weil die Ablösung nicht klappt, ist das nicht nur ärgerlich und kann trotz wiederholter Funkdurchsagen wortwörtlich in die Hose gehen.

Eine weitere, diesmal ungeschriebene Regel lautet: ohne die Alten geht es nicht. Von wegen Ruhestand und Zeit ohne Ende. Altersrentner und -rentnerinnen zeigen oft wesentlich mehr Einsatz als manche von denen, die noch am Anfang ihrer beruflichen Laufbahn stehen. Da können sich einige Jüngere nicht nur ein paar Scheiben abschneiden. All das habe nicht nur ich oft beobachten können.

Roswita D aus Bamberg ist ein lebensfroher Mensch. Die 72jährige Wachfrau liebt es, mindestens einmal im Jahr nach Indien zu fliegen. Als sie 1968 zum ersten Mal als Studentin dort gewesen war, verliebte sie sich Hals über Kopf in dieses asiatische Land. Eine Liebe, die für die studierte Sozialpädagogin bis heute anhält. Dafür ist sie bereit, bis zu 172 Stunden monatlich zu arbeiten.

Eine weitere in jeder Dienstanweisung geschriebene Regel ist die der Kosteneinsparung. In der Praxis wird sie nur allzu oft außer acht gelassen, geht gewissermaßen in eine ungeschriebene Regel über. Es hat selbstverständlich nichts mit Böswilligkeit zu tun, wenn das der Kundschaft oder auch dem Arbeitgeber gehörende Arbeitsmaterial unüberlegt verschwendet wird. Angefangen von Lichtquellen, die länger als notwendig eingeschaltet bleiben, über unbedachtes Verschwenden von Papier beim Drucken bis hin zum missachten der Funkdisziplin, was, so denke ich, auch Geld kostet. Hier müssen viele Sicherheitsleute umdenken.

Verantwortungsvoller, pfleglicher Umgang mit den uns bereit gestellten Materialien und den damit verbundenen Ressourcen ist heutzutage wichtiger, als viele denken.

Frei nach dem Motto, „ist doch nicht meins." zu handeln ist verantwortungslos und dürfte, so denke ich, nicht nur in der privaten Wach- und Sicherheitsindustrie passieren.

Wale und Bullen im privaten und staatlichen Wachgewerbe?

Dazu eine kurze Erklärung. Vieles, was im fertigen Buch natürlich in verständlicher Art und Weise steht, habe ich zuvor handschriftlich aufgeschrieben, inklusive aller nur möglichen Abkürzungen. Zwei von ihnen haben es sogar ins Buch geschafft. Das Wort *Wale* hat nichts mit den großen Meeressäugern zu tun. Es ist meine Abkürzung für „Wachleute."

Die Bezeichnung *Bullen* hat mit denen, die auf einer Weide stehen, nichts gemein. Es ist, genau genommen, alles andere als ein Schimpfwort für diejenigen, die bei der Polizei arbeiten, denn dann hätte ich diese Abkürzung nicht in mein Buch gesetzt.

Ursprünglich heißt es *Bol,* ist meines Wissens niederländisch und steht für einen Menschen, der *Kopf und Hirn* besitzt. Das Wort ursprünglich alles andere als negativ besetzt.

Wachleute werden tatsächlich an den Pforten von Polizeirevieren eingesetzt. So, wie bei Peter K aus Duisburg. Als ihn das Wachunternehmen, für das er arbeitet, in ein solches Objekt setzen möchte glaubt er, seinen Ohren nicht trauen zu können. Was soll er, der vergleichbar kleine Sicherheitsmitarbeiter, bitte schön bei den weitaus höher qualifizierten Polizistinnen und Polizisten? Die lachen mich doch aus, wenn mich bei denen vorstelle und sage, dass ich bei ihnen als kleiner Wachmann in der Pforte arbeiten möchte, denkt Peter.

Schwer, so sagt er, ist die Arbeit dort nicht. Er sitzt in einem kleinen Pfortenhäuschen ohne Rechner, dort hat er es warm und trocken. Seine Hauptaufgabe besteht darin, die Schranke und das Drehkreuz zu bedienen. Bedienstete des Reviers und Besuchende darf er auf das Gelände lassen. Der Sicherheitsmitarbeiter muss aufpassen, dass ihm keine Unbefugten „durchrutschen." Ohne Dienstausweis ist prinzipiell kein Passieren des Drehkreuzes möglich. Das gilt ebenso für die Schranke. Aber wie schnell kann es doch einmal passieren, dass er ein Fahrzeug aus Versehen unerlaubt auf das Gelände lässt, vor allem in den dunklen, kalten Jahreszeiten?!...

Niemand von den Bediensteten lacht Peter aus, im Gegenteil. Hauptsächlich die Beamten, die gewerkschaftlich organisiert sind, wünschen ihm, dass er für seine Arbeit mehr Lohn bekommen könnte. Das ist die menschliche Seite. Am Ende zählt mal wieder zuerst die wirtschaftliche, denn der Wachmann entlastet das Staatssäckel erheblich in puncto Personalkosten. Ja und wer meint, dass gibt es nicht, doch das gibt es. Nur Peter heißt in Wahrheit natürlich nicht Peter und arbeitet auch nicht in Duisburg sondern in einem anderen Ort!...

CORONA, CORONA, CORONA
Den Schalter umlegen

Das ist bekanntermaßen leichter gesagt als getan. Covid 19 oder Corona ist seit März 2020 eine Gefahr, deren Tragweite auch ich lange Zeit nicht gesehen habe. Weltweit wird alles heruntergefahren, was herunterzufahren ist, Ängste machen sich breit. Was wird aus unseren Arbeitsplätzen? Glücklicherweise konnte ich meinen Job behalten und kann einiges aus dieser Zeit, beginnend bei den Anfängen, aus erster Hand berichten.

Bekannterweise schließen viele Objekte, angefangen beim Einzelhandel und dem Hotel- und Gaststättengewerbe über Kultureinrichtungen bis hin zu Schulschließungen aller Art. Open-Air-Konzerte fallen weg, Sportveranstaltungen ebenso. Banken, Spar- und Krankenkassen sind im Lockdown nur noch telefonisch oder Online erreichbar.

Weil die Industrie- und Handelskammern geschlossen haben, finden keine Schulungen statt, demzufolge gibt es auch keine Neueinstellungen. Quo vadis, private Sicherheitsdienste?

Bewacht werden muss aber trotzdem, auch wenn das in den ersten Wochen für die Öffentlichkeit weniger sichtbar ist. Oder hat sich alles, was in den Objekten gut und teuer herumsteht, in Luft aufgelöst? Natürlich nicht. Alle Wertgegenstände sind noch da. Milliarden Euro schwer. Von wegen menschenleer. Wie unsichtbare Geister machen noch viele von uns, die noch arbeiten gehen dürfen, ihren Dienst. Die Einsatzzentralen in den Wachbetrieben haben alle Hände voll zu tun, um die nun aus früheren Bewachungsaufträgen freigesetzten Arbeitskräfte weiter beschäftigen zu können, was jedoch nicht immer gelingt, nicht immer gelingen kann.

Wer hier zuerst „den Schalter umlegen" muss sind diejenigen, die jetzt erwerbslos geworden sind. Bleibt nur zu hoffen, dass sie bald eine neue Arbeit finden. Für viele geht es jetzt zur Agentur für Arbeit oder zum Jobcenter. Bewerbungen schreiben statt Dienste schieben. Für manche eröffnet sich möglicherweise sogar die Chance, wieder in den früher erlernten Ausbildungsberuf zurückzukehren, was oftmals schwierig genug ist.

Wie in vielen anderen Branchen kämpfen viele Wachunternehmen ums Überleben. Wenigstens alte Aufträge müssen so weit wie möglich gehalten werden. Jetzt gilt es, die neuen Abstands- und Hygieneregeln durchzusetzen und dafür Sorge zu tragen, dass diese auch beachtet werden. Es muss darauf aufpassen, dass die neuen Regelungen von der Kundschaft eingehalten werden. Und *das* ist gar nicht so leicht, wie es für außenstehende vielleicht aussieht. Der Fall eines Wachmannes aus Jena soll das verdeutlichen.

Es ist ein großes Geldinstitut in der Innenstadt, in dem Guido A arbeitet. Der Vorraum mit all den Bankautomaten ist ebenerdig, die eigentliche Filiale ist im ersten Stock. Das Objekt befindet sich an einer viel befahrenen Straße, täglich fahren Feuerwehr- und Polizeiautos oft mit Blaulicht und Martinshorn daran vorbei. An den Markttagen mittwochs und freitags ist besonders viel zu tun, denn dieser ist nur wenige Schritte von seinem Arbeitsplatz entfernt.

Im Hochsommer 2020 ist es seit Tagen sehr heiß und schwül in der Stadt. Guido steht vor der Filiale, glücklicherweise hat das Gebäude einen Überbau mit Rundbögen zur Straße hin, unter denen er vor der Sonne geschützt ist.

Zu seinen Aufgaben gehört es darauf achten, dass die Kundschaft den Mindestabstand von zwei Metern einhält und dass die Mund-Nase-Schutzmasken richtig getragen werden.

Außerdem muss Guido darauf bestehen, dass sich weder im Vorraum noch in der Filiale zu viele Menschen aufhalten. Unten dürfen sich zeitgleich acht, oben vier Leute oder jeweils eine Familie aufhalten. Die dazugehörenden Kinder werden nicht mitgerechnet.

Um die Übersicht zu behalten baut er so gut wie möglich zwei Reihen auf: rechts vor dem Gebäudeeingang sollen sich diejenigen anstellen, die hoch zur Filiale wollen. Wer „nur" zu den Automaten möchte, soll sich links vor dem Eingang begeben, Terminkundschaft darf ohne Wartezeit hochgehen. Außerdem ist der Wachmann per Funk mit den Angestellten des Hauses verbunden.

Auch die Bankautomaten müssen möglichst alle zwei Stunden desinfiziert werden. Das ist gar nicht so leicht zu bewerkstelligen, vor allem dann, wenn im Haus viel los ist. Das ist neben den Markttagen immer am Monatsende der Fall, dann werden die Renten ausbezahlt. Guido fühlt sich dann ein bisschen wie im Altersheim, wenn die alten Herrschaften oft ihm mit ihren Gehhilfen jeglicher Art „die Bude einrennen," was bei den vielen, die Rente beziehen, auch kein Wunder ist. Wie schnell sind dann viel zu viele Menschen im Vorraum? Guido würde dann gern ein Schild in die Tür hängen auf dem steht, dass er um Geduld bittet, weil gerade die Automaten desinfiziert werden und abschließen. Nur: das darf er nicht.

Absperrbänder und Hinweisschilder am Gebäude, die der Kundschaft den Weg weisen und sie bittet, sich ihren Vorhaben entsprechend anzustellen, wurden ihm vom Chef der Bank verboten, weil die Straße zum öffentlichen Raum gehört. Anträge seitens des Geldhauses, um hierfür eine Erlaubnis einzuholen, würden zu viel Geld kosten. Selbst das anbringen entsprechender, leicht zu entfernender Pappschilder an der Hauswand darf nicht sein. Dabei ist ein fest angebrachtes Schild mit der Aufschrift „Fahrräder abstellen verboten" dort zu sehen.

Ihm bleibt nichts anderes übrig, als immer wieder durch die Reihen zu gehen und zu fragen, was gewünscht ist. Ganz schön anstrengend aber ihm macht die Arbeit trotz des Mundschutzes den er stets tragen muss, Spaß. Hinzu kommen die Handschuhe, die der Sicherheitsmann nicht nur beim desinfizieren der Bankautomaten anzieht.

Das Desinfektionsmittel zahlt das Geldinstitut, für den Rest muss er selber aufkommen, was ihn jedoch nicht stört.

Nach den ersten drei Wochen beginnt er mit selbst geschriebenen Pappschildern zu arbeiten, die der Wachmann abwechselnd hochhält. Auf denen steht zu lesen, wer sich für welches Vorhaben wo anstellen möge und wer gleich zur Filiale hoch laufen kann. Gut gemacht denkt sich Guido. Ihm geht es in erster Linie darum, notwendige Wartezeiten so weit wie möglich zu minimieren. Das ist sein Ziel. Alle wissen Bescheid. Außerdem muss er nicht mehr gegen den Straßenlärm anbrüllen und kann seine Stimme schonen. Gut für beide Seiten. Das klappt, denkt er und freut sich darüber.

Aber wie ist das noch mit der grauen Theorie? Der Wachmann hat vorher nicht bedacht, wie lang Schlangen wartender Menschen werden können. Immerhin fällt ihm positiv auf, dass innerhalb der Warteschlangen manchmal die Informationen untereinander weitergegeben werden. Sie kommen jedoch, wenn überhaupt, viel zu selten bis nach ganz hinten durch.

Seine Tafeln schaffen Verwirrung statt die von ihm beabsichtigten Strukturen. Er wirft sie in den Papiermüll und muss weiter durch die Reihen laufen und fragen, wer bitte wo hin möchte. Das ist nicht nur das Gebot der Stunde sondern das des Dienstes.

Der Ausgang für die Filialkundschaft befindet sich im hinteren Teil des Gebäudes und ist für Guido nicht einsehbar. Um trotzdem die Übersicht zu behalten bleibt ihm nichts anderes übrig, als per Funk mit den Bankangestellten zu kommunizieren, was zuweilen deren Arbeit stören kann. Ansonsten läuft alles prima, zumindest während der Öffnungszeiten. Die sind fast wie zu Zeiten vor Corona. Neu ist die Mittagspause, die von 12:00 bis 13:00 Uhr dauert. In dieser Zeit ist die Filiale oben geschlossen.

Guido kommt möglichst etwa 30 Minuten vor Öffnung des Geldhauses. Dann hat er genügend Zeit, sich umzuziehen und noch in Ruhe ein oder zwei Kaffees zu trinken. Davor schaut er jedoch kurz in den Bankautomatenraum hinein und zählt insgeheim, wie viele Menschen sich dort aufhalten und ob sie auch ihren Nasen-Mundschutz wie vorgeschrieben tragen.

Oft, leider zu oft, ist dass nicht der Fall, obwohl an der Eingangstür alle *verbindlichen* Verhaltensregeln deutlich und groß genug dran stehen: ein Gesicht mit Maske ist auf einem Schild zu sehen, darunter steht das Wort *Maskenpflicht*. Ein weiteres zeigt die Zahl an, wie viele Menschen gleichzeitig im Vorraum sein dürfen.

Immer wieder kommt es trotz aller Vorsicht vor, dass der Wachmann bis zu 12, einmal sogar 15 Menschen zählt, die sich zur selben Zeit im Automatenraum aufhalten. Das gleiche Bild sieht er öfters auch am Ende der Mittagspause, wenn er seinen Arbeitsplatz kurz vor 13:00 Uhr betritt. Zu seinem Dienstschluss sieht es oft ähnlich aus. So ist das halt, wenn niemand da ist und aufpasst, denkt er.

Dann, so sagt er, *kuscheln* die Leute miteinander. Kaum jemanden scheinen die Abstandsregeln, Beschränkungszahlen oder desinfizierte Automaten zu interessieren. Nur ein paar Kundinnen und Kunden entfernen ihre eigenen Keime mit ihrem eigenen

Desinfektionsmittel. Dass gar kein Mund- und Nasenschutz getragen wird kommt öfters vor. Dann fragt Guido, ob eine Befreiung vorliegt und ob er sie sehen darf. Die meisten der davon Betroffenen zeigen ihr Dokument freiwillig, falls es verweigert wird, darf er den Zutritt verweigern, denn ihm wurde das Hausrecht übertragen. Die praktische Umsetzung gestaltet sich aber des öfteren schwierig und das hauptsächlich dann, wenn Uneinsichtigkeit vorherrscht.

Aber auch Guido ist nur ein Mensch. Als wieder einmal sehr viel Trubel im Bankautomatenraum herrscht, übersieht er bei einen Rollstuhlfahrer die sichtbar aus der Nase gehenden Schläuche und fragt ihn, ob er von der Maskenpflicht befreit ist.

Logischerweise reagiert der Angesprochene sehr verärgert auf die nicht nur aus seiner Sicht selten dumme Frage. Selbstredend entschuldigt sich der Sicherheitsmann in aller Form dafür, dass er nicht richtig hingeschaut hat und schämt sich insgeheim sehr für seine Verfehlung.

Viele der angesprochenen sehen die Abstands- und Hygieneregeln ein, wieder andere lesen die bereits erwähnten Sicherheitshinweise am Eingang nicht. Eine ganze Reihe wird auch aggressiv. Selbst Beleidigungen sind dann nicht selten. Der *blöde Wachmann* solle doch gefälligst mal sein Gehirn einschalten oder gleich das *Maul halten* schimpft ein wütender Kunde und tippt sich beim hinausgehen an die Stirn. Ein junger Mann mit ausländischen Akzent sagt ihm, dass er ihn in seiner Heimat *verprügelt* hätte.

Hinzu kommen die Menschen, die Covid 19 leugnen und Verschwörungstheorien auf den Leim gehen. Der Kundschaft gegenüber hält er sich was politische Äußerungen angeht zurück, er kennt es nicht anders. Guido denkt sich seinen Teil und schweigt. Bei alledem stets zumindest äußerlich ruhig zu bleiben ist oft schwierig.

Wenn es allzu arg wird, kann er nicht nur, dann *soll* er jemanden von den Angestellten des Geldhauses holen. Davon macht und er nur selten Gebrauch. Guido bekommt aber auch von vielen aus der Kundschaft Bestätigung und Zuspruch für seine Arbeit, manchmal sogar Bewunderung. Wenn jemand mal wieder „bei anwesendem Publikum" aus welchen Gründen auch immer ausflippt wird er schon mal gefragt, wie er das nur aushalte.

Guido ist mit Leib und Seele Dienstleister. Probleme sieht er als lösbare Herausforderungen an. Es fällt ihm nicht nur leicht, auf seine Mitmenschen zuzugehen, es macht ihm sehr große Freude, genau das zu tun. Mit innerlichem Schaudern denkt er an einen früheren Job als Türsteher für ein anderes Sicherheitsunternehmen im Frühjahr 2019 zurück. Bei Wind und Wetter draußen vor einem Sportgeschäft zu stehen mit wenig Kontakt zur Kundschaft, das war nichts für ihn. Wenigstens konnte er dabei Leute beobachten und manchmal denen helfen, die in der Stadt fremd waren und wo auch immer in Jena hin wollten.

Dagegen gefällt ihm seine jetzige Tätigkeit wesentlich besser, und das trotz aller Ungereimtheiten denn die gibt es durchaus. Der Bankautomatenraum und die Filiale haben unterschiedliche

Öffnungszeiten, werden aber nur bewacht, wenn das Bankhaus geöffnet hat. Der Vorraum aber steht der Kundschaft jeden Tag von 6:00 bis 22:00 Uhr zur Verfügung, inklusive sonn- und feiertags.
Schläft das Virus, wenn er nicht da ist? Der Wachmann versteht das nicht! Vielleicht liegt es ja daran, dass er als so genannter *einfacher* Sicherheitsmensch durch das Leben geht und es gar nicht verstehen kann. Das Bankhaus will Geld, hauptsächlich jedoch Personalkosten sparen. Letztlich auf Kosten aller? Ist Profit wichtiger als Menschenleben? Ein wichtigeres Gut als die Gesundheit? Wie werden sich die Folgekosten einer solchen Fehlentwicklung auswirken?
All diese Fragen stellt sich nicht nur Guido. Er fragt sich, ob am Ende die zur Kasse gebeten, werden die nichts dafür können. Auf jeden Fall würde er auch jenseits der Öffnungszeiten den Vorraum bewachen. So aber ist dieser Bewachungsauftrag nichts Halbes und nichts Ganzes, sagt er leise zu sich. Nur weil das Bankhaus einen Riegel vorschiebt. Der Kunde ist König. Der Zaster ist Kaiser.
Nicht nur er hat die Sorge, dass eine zweite Corona-Welle kommen wird. Wie wird die sich auswirken? Behält er seinen Arbeitsplatz? Eigentlich ging er von Anfang an davon aus, dass er mindestens bis zum Jahresende dort eingesetzt werden wird. Daraus wird aber nichts, am Ende ist nach gut zwei Monaten Schluss. Immerhin kann der Wachmann in „seinem" Sicherheitsunternehmen bleiben anstatt erwerbslos zu werden.

Home-Office, Kurzarbeit & Co

Zum Erstaunen vieler gibt es all das auch im Wachgewerbe. So bleiben viele Arbeitsplätze erhalten. Wir Wachleute bekonmen solche Home-Office Tage voll bezahlt, egal, wie lange die jeweilige Schicht dauert, die normalerweise in der Arbeitsstelle abzuleisten ist. So habe ich das selbst erlebt.

Muss die es betreffende Wachkraft nun während der jeweiligen gesamten Schicht wie das Kaninchen vor der Schlange vor ihren Telefon hocken? Nein, selbst Einkaufen ist erlaubt. Trotzdem sollte sie nicht stundenlang weg bleiben und dafür sorgen stets erreichbar zu sein, falls jemand sich krank meldet. Die Sicherheitskraft, bei der das Telefon klingelt, muss dann schnellstmöglich zum Dienst fahren. Damit die Wachkraft das weiß, wird sie per Rundbrief von dem Betrieb, in dem sie tätig ist, informiert. Das dürfte nicht nur ich so erlebt haben.

Wer dann angerufen aber nicht erreicht wird, kann am Ende draufzahlen. Das Home Office wird dann in Frei umgemünzt und der Verdienst ist weg. Passiert so etwas öfter, kann das soweit ich weiß auch den Arbeitsplatz kosten.

Es gilt, sich irgendwie zu beschäftigen, zumindest so lange, bis der Brötchengeber anruft, wenn es überhaupt passiert. Zu tun gibt es ja immer irgendwas. Aber was? Etwa fernsehen gucken, bis die Augen viereckig werden?War da noch was? Ach, ja, der Keller müsste mal wieder aufgeräumt werden. Ist schließlich schon lange überfällig. Nur noch schnell das Handy mitgenommen und los!...

Einmal für zehn Minuten mit dem Hund raus oder mal kurz um den Block gehen und sich die frische Luft um die Nase wehen lassen ist auch drin. Bewegung ist schließlich gesund. Wenn bloß das blöde Telefon nicht wäre, das wie eine unsichtbare Fessel an der Wachkraft klebt! Sie hat stets im Hintergrund, dass es klingeln kann. Immerhin kann heutzutage auf den Anrufbeantworter oder das Handy geschaut werden, ob jemand angerufen hat oder nicht. Kurz, es gibt tausend Dinge, die schon längst erledigt gehören aber aus Zeitmangel liegen geblieben sind. Die ist jetzt, wenn auch mit möglichen Einschränkungen, reichlich vorhanden und das in erster Linie bei denen, die sich entweder in Kurzarbeit oder öfter als gewohnt im Frei befinden. Ob sich Sicherheitsmitarbeitende staatliche Unterstützung holten, kann ich nicht sagen, will es aber auch nicht ausschließen.

Die Wachfrau Anna S aus Gera wählt für sich einen anderen Weg, als sie im Frühjahr 2020 von ihrem Arbeitgeber in Kurzarbeit geschickt wird. Die Wachfrau hat dabei noch Glück im Unglück. Viele in ihrer Kolleginnen und Kollegen werden entlassen. Der Rest geht wie sie in Kurzarbeit. Um ihre monatlich laufenden Festkosten bedienen zu können hat sie zwei Nebenjobs, natürlich mit dem eingeholten Einverständnis ihrer Vorgesetzten, annehmen dürfen.

Nun trägt sie früh morgens Zeitungen aus, nachmittags und abends arbeitet sie in einer Poststelle. Ein solches Leben ist beileibe kein Zuckerschlecken sagt sie, es hat aber auch ihre guten Seiten. Während das Zeitungen austragen zuweilen ganz schön nervig sein kann, sieht sie auch das Positive daran. Das frühmorgendliche Aufstehen hält fit und tut ihr gut. Den Postjob gefällt Anna, weil sie mit anderen Menschen in Kontakt kommt. Es hätte schlimmer kommen können und sie bleibt vom Staat weiterhin finanziell unabhängig. Das ist ihr am Wichtigsten, meint sie.

Viele Menschen, so höre ich im Kollegschaftskreis, die jetzt aus welchen Gründen auch immer jede Menge Freizeit haben, stehen jetzt vor sehr großen Problemen. Das betrifft in unserer Branche hauptsächlich allein lebende *Wachmänner* und Menschen, die in beengten Wohnverhältnissen mit einem oder mehreren Mitbewohnenden zurecht kommen müssen? Für die erstgenannten ist Vereinsamung ein sehr großes Thema. Freunde treffen in Corona-Zeiten? Nicht so gut. Bei der zweitgenannten Gruppe dürfte rein menschlich gesehen das ständige Aufeinander-Hocken zu ernsten Problemen führen.

Mit den alten und neuen Kommunikationsmitteln geht zwar so einiges, aber ersetzt das ein gemütliches Zusammensein daheim oder in der Stammkneipe? Letztlich ist es müßig, darüber fortwährend nachzudenken. Immerhin gibt es eingeschränkte Kontaktmöglichkeiten.

Außerdem geht es sehr vielen Anderen auch nicht besser. Selbstdisziplin ist angesagt, wenn all das mal ein Ende haben soll, auch wenn es oft verdammt schwer fällt.

Manchmal frage ich mich, wie es alkoholkranken, trockenen Sicherheitsfachkräften geht, die sich in Kurzarbeit befinden oder erwerbslos sind. Die

Gefahr, rückfällig zu werden, schätze ich als real ein und dürfte Alleinstehende umso mehr treffen. Wo können sie sich Hilfe holen, wenn Selbsthilfegruppen nicht besucht werden können? Hoffentlich haben sie wenigstens eine private Telefonnummer von jemandem aus ihrer Gruppe?!...
Zugegeben, ich habe zu Beginn der Pandemie gehofft, dass gerade wir Deutschen es hinbekommen, in der Arbeitswelt von *immer schneller* auf eine *normale zügige Geschwindigkeit* zu kommen. Das ständige Hetzen mehr und mehr überwinden. Dabei wird wer hetzt, langsamer. Trotzdem hat sich nach dem, was ich erlebe, rein gar nichts zum Positiven geändert, stattdessen ist es schlimmer geworden. Viel zu sehr sind wir darauf geeicht, dass alles nicht nur wie gewohnt sondern am allerliebsten noch viel schneller als vorher zu funktionieren hat.
Home Office, Kurzarbeit und Co haben im großen Teil mit dazu beigetragen, tradiertes Denken noch mehr zu zementieren, als es schon davor der Fall gewesen ist, davon bin ich überzeugt. Dazu passend habe ich das Gefühl, dass die Doppelbelastung von Frauen zugenommen hat. Statt die Gleichberechtigung voranzutreiben, sehe ich einen deutlichen Rückschritt in längst überwunden geglaubte Zeiten.
Bezeichnend ist, dass ich über dieses Thema „im Netz," was die private Sicherheitsindustrie explizit betrifft, nichts finden konnte. Ob das anders wäre, wenn es uns Männer so hart getroffen hätte? Höchstwahrscheinlich ja.

Neue und alte Gefahrenlagen

Der schwierige Start mit den Impfungen, die dazu gehörende logistische Organisation soll uns hier nicht weiter beschäftigen. Viel wichtiger ist, dass durch die republikweit entstehenden Impfstationen neue Arbeitsplätze im Wachgewerbe hinzu kommen. Wie überall können auch hier Konfliktlagen entstehen und wie immer sind wir dafür da, diese so weit wie möglich zu verhindern und helfen mit, dort neben dem Einhalten von Hygienevorschriften, Impfungen zu gewährleisten.

Um das überhaupt erst einmal zu können ist es jedoch unerlässlich, dass wir gesund bleiben. Wie und was wir dafür unternehmen oder unterlassen bleibt so weit ich weiß uns überlassen. Jede Wachkraft muss am Ende selbst entscheiden, welchen Weg sie gehen möchte.

Gerade in der dunklen Jahreszeit müssen – Covid-19 hin oder her – Parkplätze bewacht werden, um Autodiebstähle möglichst von vorn herein zu vereiteln. Das verhüten von Überfällen gilt um so mehr vor und in Geldinstituten, wie wir noch sehen werden. Solange nichts passiert, ist alles gut.

Wenn ein Bankhaus überfallen wird, steht auch hier die meines Wissens zumeist männliche Wachkraft in vorderster Linie, was, denke ich, auch mal lebensgefährlich sein kann.

In der jetzigen Corona-Krise nimmt die Gewalt in Krankenhäusern insbesondere durch betrunkene, aggressive Patienten zu, die nicht nur die Angestellten der betroffenen Kliniken, sondern ebenso die Sicherheitskräfte angreifen. Das gleiche geschieht in

Gesundheitsämtern und Jobcentern, wo die Besuchenden nicht allein das dazu gehörende Personal ins Visier nehmen. Zwangsläufig sind auch die privaten Sicherheitskräfte als Angriffsziel mit im Boot. Beleidigungen und Beschimpfungen bleiben da nicht aus.

Wenn es zu körperlichen Übergriffen kommt, müssen wir Wachkräfte zuerst selbst schützen und im wahrsten Sinne des Wortes mehr als nur ihren Kopf, sondern unseren ganzen Körper hinhalten. Kommen heutzutage inzwischen neben Messern, Pfefferspray und Schlaggegenständen auch Feuerwaffen gegen die Wach- und Sicherheitsmitarbeitenden zum Einsatz, wo früher lediglich die Faust geschwungen wurde? Wundern würde es mich nicht, obgleich ich solch schlimme Erfahrungen zu meiner Zeit dort nicht erlebt habe.

Zudem ist auch hier eine Ansteckung mit Covid 19 durchaus denkbar und das hauptsächlich dann, wenn der medizinische Mund-Nasenschutz falsch oder gar nicht getragen wird.

Mittlerweile haben wenigstens einige Discounter verstanden, dass es nicht immer ausreicht, die Anzahl der Einkaufswagen und -körbe zu reduzieren. Sicherheitsleute übernehmen für alle sichtbar die Zugangskontrollen und achten darauf, dass eine vorgegebene Anzahl an Einkaufenden im Geschäft nicht überschritten wird.

Leider heißt das aber nicht, dass sich auch alle, die einkaufen wollen daran halten. Mal schnell noch rein ins Geschäft, und wenn es nur ein Feierabendbierchen sein soll, bevor der Krimi im Fernsehen beginnt, das muss doch drin sein.

Dummerweise ist aber die vorgeschriebene Anzahl an Kundschaft im begehrten Laden längst erreicht. Da jedoch genau diese Tatsache gern übergangen wird, kann es mitunter schnell zu ärgerlichen Diskussionen kommen. Zum Schluss hilft kein Bitten und Betteln, die Wachkraft bleibt hart, sie setzt sich durch, das ist ihre Aufgabe, die damit noch lange nicht erschöpft ist. Denn sie übernimmt die Verantwortung dafür, dass die Covid-19-Pandemie so bald wie möglich besiegt und aus der Welt geschafft wird. Eine soziale Arbeit, die in der Öffentlichkeit nach meiner Kenntnis immer noch übersehen wird.

Nur weil sich wegen der Corona-Krise weniger Menschen durch unsere Städte bewegen heißt das noch lange nicht, dass es keinen Vandalismus mehr gibt. Er mag abgenommen haben, aber ganz verschwunden ist er nach meinem Dafürhalten ganz und gar nicht.

Geld zu transportieren war schon immer eine sehr gefährliche Arbeit, die jetzt in Corona-Zeiten an Gefährlichkeit noch zugenommen haben dürfte. Soweit mir bekannt ist, sind keine Vorstrafen, die Fahrerlaubnis Klasse B, ehemals Klasse 3, eine bestandene Waffensachkundeprüfung und die Unterrichtung im Wachgewerbe sind die untersten Zugangsvoraussetzungen für diese Arbeit. Besser ist jedoch die erfolgreich absolvierte Sachkunde gemäß Paragraph 34a. Noch besser dran ist, wer die absolvierte Prüfung als Fachkraft für Geld- und Werttransport in der Tasche hat. Diese Punkte kennt jede Wachkraft und alte Hasen wie ich sowieso.

Laut Gewerkschaftsangaben sind viele Unternehmen aus Kostengründen weder dazu bereit, weder in schusssichere Schutzwesten noch in Sicherheitskonzepte zu investieren. Diese Nachricht macht mehr als fassungslos. Was sind das bloß für Entscheider, höchstwahrscheinlich ausnahmslos männlich, die solch menschenverachtende Beschlüsse in die Welt setzen?!
Auch sie haben gelernt, dass menschliches Leben das *höchste Gut* überhaupt darstellt. Haben sie das vor lauter Geldgeilheit vergessen? Werden mögliche Verletzungen während des Dienstes bei den Geldboten billigend von den Vorgesetzten in Kauf genommen? Sicherheitskonzepte und Schutzwesten müssen im Gegensatz zu Lohnerhöhungen *immer* finanzierbar sein.
Imke B aus Konstanz hat Nachtdienst in einem Bankhaus im Stadtzentrum. Ihr Dienst beginnt um 18:00 Uhr. Bis über die Hälfte ihrer Schicht, die am nächsten Morgen um 6:00 Uhr endet, verläuft alles ruhig, keine besonderen Vorkommnisse. Das ändert sich gegen 1:50 Uhr, als sie auf dem Monitor zwei maskierte Männer wahrnimmt, die schnurstracks auf einen Geldautomaten zugehen. Die Sicherheitsfrau reagiert schnell und gibt durch eine Lautsprecherdurchsage bekannt, dass beide Räuber entdeckt wurden. Bei ihrer Flucht lassen sie ihr Tatwerkzeug unverrichteter Dinge zurück. Imke alarmiert sofort die Polizei.
Trotz einer sofort eingeleiteten Großfahndung bleiben die Täter verschwunden. Allein weil die Wachfrau so flink gehandelt hat, bleibt der Geldautomat unbeschadet und ein Schaden von 750 Euro

noch überschaubar. Ob Imke als Anerkennung für ihren Einsatz nur einen warmen Händedruck oder sogar eine finanzielle Belohnung erhalten hat, ist nicht überliefert. Warum ist das so?

Einerseits sollte ein Händedruck selbstverständlich reichen, es ist schließlich ihr Job, Gefahren abzuwehren. Andererseits ist ein finanzielles anerkennen ihrer Leistung als Motivationsschub nicht zu verachten, aber ist sie auch notwendig? Wir sehen, die Entscheidung ist schwieriger als gedacht und hauptsächlich dann, wenn Geld mit im Spiel ist.

Noch eine Gefahr, der ausnahmslos alle Menschen ausgesetzt sind ist die, plötzlich und unerwartet „tschüss" zu sagen. So ergeht es dem Wachmann Martin U, der sich eines Morgens in Heidelberg auf den Weg zu seiner Arbeit in einen Großmarkt der Neckarstadt macht. Plötzlich kippt Martin während er seine Mittagskontrollrunde läuft, einfach um. Das Funkgerät, dass er mit sich trägt, sendet nach nur wenigen Minuten standardmäßig eine *Totmann-Meldung*. Sofort nach dem Erhalt der Meldung läuft ein Kollege los, findet den leblosen Sicherheitsmann und ruft den notärztlichen Dienst an. Die Ärztin kann nur noch den Tod von Martin U feststellen.

David B ist 49 Jahre alt, ein durchaus sportlicher Typ, der zu allen Jahreszeiten schwimmen geht und im Winter sogar vorm Eisbaden nicht halt macht. Er arbeitet für eine Fabrik in Augsburg. Nach seinem Nachtdienst fährt David im Juli 2020 um kurz nach 6:00 Uhr zum Afrasee 2. Das Gewässer kurz vor den Toren der bayerischen Universitätsstadt kennt er seit vielen Jahren, es ist quasi sein „Stammsee."

Unversehens verfängt er sich mitten im See in einem Dickicht von Schlingpflanzen, die sich unterhalb der Wasseroberfläche befinden. Als ein Spaziergänger ihn mit den Armen rudern sieht, ruft er sofort die Feuerwehr und die Polizei an. Mehrere Taucher suchen nach dem Verunglückten, finden ihn aber erst nach mehreren Stunden und bergen ihn tot aus dem See.

Seine Sachen sind schnell gefunden, der Dienst- sowie sein Personalausweis identifizieren ihn sofort als David B. Am schlimmsten trifft die Nachricht natürlich seine Frau, seine Familie und Freunde. Aber auch viele in der Kollegschaft des Wachbetriebes, für das der Sicherheitsmitarbeiter tätig war, sind traurig über den Tod ihres beliebten Kollegen.

Friedhöfe sind ein Ort des Gedenkens und des Innehaltens, ein Ort, wo die Hinterbliebenen ihre Verstorbenen aufsuchen. Wie der Name schon verrät, hier ist alles friedlich. Was will hier also bitteschön ein Wach- und Sicherheitsdienst? Sich langweilen? Präsenz zeigen und Zombies oder Mitternachtsgeister abschrecken?

Zurück zu den Lebenden. Leider benehmen sich einige Menschen, absolut hirnlos. Sie gehen zu den Ruhestätten, um dort Grillpartys zu feiern, auf denen jede Menge Alkohol fließt, urinieren auf Grabsteine oder beschmieren sie. Auch andere Drogen sind ein Problem. Neben Müll aller Art, der einfach liegengelassen wird, finden sich auch weggeworfene Spritzen. Wegen all dieser unglaublichen Entgleisungen ist unser Einsatz traurigerweise auch dort notwendig, um die, die anscheinend keinen Respekt kennen, von ihrem Tun abzuhalten.

Gefährliche Hinterlassenschaften von Drogensüchtigen werden auch auf Spielplätzen gefunden. Statt das Eltern, hierzulande höchstwahrscheinlich mehr die Mütter als die Väter, auf Spielplätzen Kontrollrunden laufen, sollte diese Arbeit besser ein privates Wach- und Sicherheitsunternehmen übernehmen, um zu verhindern, dass sich auch nur ein weiteres Kind, wie schon geschenen, an einer Drogenspritze verletzen kann. Trotz intensiver Internet-Recherche habe ich kein einziges Unternehmen gefunden, dass sich diesem sehr großen Problems annimmt.

Geschlossene Wohnanlagen

Mir persönlich sind geschlossene Wohnanlagen zuerst in Südafrika aufgefallen. Inzwischen soll es sie nach meinem Kenntnisstand auch in mehreren deutschen Großstädten geben. Findet inzwischen auch in Deutschland ein geräuschloses, exklusives Abgrenzen einer Minderheit zur Mehrheit der Bevölkerung mit Zäunen und Toren statt, die oft mit Kameras bestückt sind?
Fakt ist, dass die Wach- und Sicherheitsunternehmen mit uns längst bereit stehen, wenn auch noch in einem kleineren Rahmen. Ganzjährig und um die Uhr in den dazu gehörenden Pförtnerlogen. An dieser müssen die Besuchenden erst einmal vorbeikommen!...
Im Gegensatz zu denen, die an einer Geschlossenen Wohnanlage als Wachkraft in einer Pforte arbeiten, sind die in der Anlage residierenden wahre Glückspilze. Es ist eine Binsenwahrheit: je höher die schulische und damit einhergehende berufliche

Qualifikation ist, desto .besser ist der Schutz vor der Ansteckung mit dem Virus. Abgesehen von den finanziellen Ressourcen haben sie weitaus mehr Möglichkeiten, ins Home Office zu gehen, als die meisten von uns.

Kann, selbst wenn bewachtes Wohnen in Deutschland noch in den Kinderschuhen stecken mag, ebendieses zum Auseinandergehen städtischer Gemeinden beitragen und das Gemeinwohl gefährden?

Dass durchmischte Gesellschaften die Grundlage für den Zusammenhalt und somit das Gemeinwohl einer Gemeinschaft bildet ist allgemein bekannt. Die Tatsache, dass eine stetig auseinandergehende Schere zwischen Arm und Reich diesem jedoch entgegen wirkt, ist ebenso klar. Dass geschlossene, bewachte Wohnanlagen diese unheilvolle Entwicklung künftig noch beschleunigen können finde ich mehr als besorgniserregend.

Wirtschaftliches, neoliberales Leistungsdenken, demnach alle das bekommen, was sie verdienen und Schmiedin oder Schmied des eigenen Glücks sind, setzt sich in meinen Augen nicht nur anscheinend immer stärker gegen menschliches, mitfühlendes Denken durch.

Gibt es Alternativen, weil es menschengemacht ist oder können wir nichts dagegen unternehmen, weil es naturgegeben ist? Auch diese Frage hat mich hauptsächlich mit dazu angetrieben, dieses Buch zu schreiben, um vielleicht eine Antwort auf diese Frage zu finden.

Von Mauern, Villen, Zäunen und ihren Helfershelfenden

Hat der Jägerzaun bald ausgedient? Heutzutage werden nicht nur Zäune, die die dazu gehörenden Häuser und Villen mitsamt ihren Gärten umfrieden, immer stabiler und immer öfter auch höher. Unser Land rüstet sichtbar auf. Private Bauherren, vielleicht auch einige Bauherrinnen (*Baudamen* gibt es nicht), die das nötige Kleingeld haben, grenzen sich ab.

Das darf sehr gern auch eine mehr als mannshohe Grundstücksmauer sein, die das kostbare Hab und Gut zusammen mit einem massiven Stahltor einfrieden soll. Letzteres ist oft mit einem Warnschild vor dem bissigen Hund versehen. Kameras und Bewegungsmelder sind auch nicht zu verachten und werden gern mit dazu genommen. Fehlt nur noch der Elektrozaun auf der Mauerkrone. Oder soll es wenigstens Stacheldraht sein? Glassplitter oder die Kombination aus beidem?

Um es kurz zu machen, all das ist soweit ich weiß auf deutschen Mauern verboten. Selbst wer Unrechtes im Schilde führt hat trotzdem Rechte. Eines davon ist das Recht auf körperliche Unversehrtheit. Auch das wird in den Paragraph 34a-Schulungen gelehrt. Doch zum Glück weiß der Einbrecher nicht, welche Sicherheitstechnik sich eventuell noch zusätzlich im Haus befinden könnte!...

Villengrundstücke werden meines Wissens mehr und mehr ein lukratives Geschäft für Sicherheitsbetriebe, in denen ganze Sicherheitspakete geschnürt und der zahlungskräftigen Kundschaft angeboten werden. In einer selbstverständlich individuell zugeschnittenen fachkundigen Beratung geht es um Möglichkeiten einer Notrufaufschaltung, das installieren einer Alarmanlage und dergleichen mehr. Danach kommen wir „einfachen" Sicherheitsmitarbeiter und Sicherheitsmitarbeiterinnen ins Spiel, um mit dem Dienstauto oder zu Fuß Präsenz zu zeigen und das 24 Stunden am Tag, 365 Tage im Jahr.

Was ich annehme ist, dass in diesen sehr gehobenen Wohnlagen mitunter die obersten Zehntausend leben, die so genannte *Creme de la Creme*. Menschen, die große Unternehmen lenken und in Wirtschaft und Politik Spitzenpositionen bekleiden. Berühmte Kunstschaffende, die manche Wachkraft vielleicht sogar aus den Medien kennen könnte. Ob man sie oder ihn mal zu Gesicht bekommt? Wenn überhaupt, treffen hier zwei völlig unterschiedliche, für beide Seiten fast immer unbekannte Welten aufeinander. Das gilt für Villenviertel und bewachte geschlossenen Wohnanlagen gleichermaßen.

Holger F arbeitet als Sicherheitsmitarbeiter in einem Villenviertel in Düsseldorf. Er selbst ist Spross einer Arbeiterfamilie, gilt als freundlich und zurückhaltend, er weiß sich zu benehmen. Aber der Wachmann ist auch ein lebensfroher Mensch, der „sein Herz auf der Zunge trägt." Einem Kollegen gegenüber bringt er auf den Punkt, was sich viele nicht laut zu sagen trauen. „Wenn du dir einen von diesen wichtigen Leuten, die ganz weit oben stehen, mal nackig vorstellst, lachst du dich kaputt. Sein Arsch besteht auch nur aus zwei Hälften."

Der 61jährige Sicherheitsmann ist alles andere als dumm. Gerade in Zeiten der Pandemie realisiert Holger neben den sichtbaren auch die unsichtbaren aber trotzdem real existierenden Mauern. Sie zeigen ihm, wo er mit seiner Familie steht, sprich, zu stehen hat. Diese zu überwinden gelingt meines Wissens den Wenigsten.

In der Tat kann Holger von den Aufstiegschancen, wie sie die Kinder in den Villenvierteln haben, nur träumen. Hier dürfte kaum jemand von ihnen Bäcker und Konditor wie er oder Verkäuferin wie seine gleichaltrige Frau werden. Der Umgang mit Rechner und Internet stellt für den Nachwuchs der Hochgebildeten absolut kein Problem dar. Für den 61jährigen und seine Angetraute aber schon. Mehr als Computer-Grundkenntnisse haben beide nicht. Bei ihnen reicht es aber zum surfen im Netz.

Zuweilen fragt er sich, wie es den jungen Eltern geht, die mit ihren schulpflichtigen Kindern in den gesellschaftlich abgehängten Stadtvierteln leben. Bevor der Wachmann vor gut zwei Jahren hier sein festes Einsatzgebiet bekam, arbeitete er mehrere Jahre als Sicherheitsmitarbeiter in einem Düsseldorfer Brennpunkt-Stadtteil, kennt die Sorgen und Nöte der dortigen Menschen. „Nachhilfeunterricht" ist da genauso ein Fremdwort wie „Home-Schooling." Wer hilft denen, die es am allernötigsten brauchen und gibt ihnen gerade in Corona-Zeiten eine Chance, den Anschluss in die Gesellschaft doch noch zu erreichen?

Immer wieder höre ich, dass sozial benachteiligte Menschen nur allzu oft als „sozial schwach" bezeichnet werden. Sind soziale Brennpunkte nichts weiter als Horte der Gewalt?

Wer dann noch zu denen zählt, die die Schule abgebrochen haben, ist gesellschaftlich wie allgemein bekannt erst recht unten durch, gehört absolut zu den – angeblich – sozial Schwachen.

Dazu ein paar Gedanken meinerseits. Wer im ökonomischen Sinn ungebildet oder wenig gebildet ist, wird meistens mehr und selten weniger stigmatisiert, befindet sich gesellschaftlich weit unten. Allein die Begriffe *sozial Schwach, einfache* oder *kleine Verhältnisse, kleinbürgerlich, kleine Leute* und *Unterschicht* zeigen sehr deutlich die Verachtung der privilegierten Gesellschaftsschichten gegenüber denen, die zunehmend am Rand unserer Gesellschaft stehen.

Bessergestellte reden immer wieder gern über Chancengerechtigkeit und -gleichheit, was letztendlich nur für ihresgleichen gilt. In Wahrheit ist in meinen Augen abschotten nach unten angesagt. Ein abbauen von Mauern, in welcher Form auch immer, ist nicht unbedingt eingeplant. Zählt in unserer Gesellschaft in allererster Linie nur das Abitur mit einem anschließend erfolgreich abgeschlossenem Studium an einer Fachhochschule oder einer Universität?

Um es ganz deutlich zu sagen: die Art und Weise, wie wir die Wertigkeit eines Menschen beileibe nicht nur beurteilen sondern auch oft *verurteilen*, ist oftmals ziemlich einseitig. Gerade in Deutschland zählt das, was beruflich erreicht wurde, wesentlich mehr als alles andere im Leben.

Dabei sagt ein wie auch immer gearteter Schul- und Ausbildungsabschluss nichts konkretes über den Charakter eines Menschen aus. Bedauerlicherweise wird dieser wichtige Punkt viel zu oft vergessen oder einfach übergangen.

Was würde passieren, wenn ein Manager folgendes zustande brächte: zuerst bringt er das Unternehmen, für das er arbeitet, aus Profitgier an die Börse und fährt es damit *wissentlich* „gegen die Wand." Die Aktionärinnen und Aktionäre freut es, weil die Aktien steigen. Der Manager freut sich, denn ihm wird ein fetter Bonus ausgezahlt.

Ein Großteil der Belegschaft wird arbeitslos. Die freuen sich weniger. Würde irgendeine Zeitung, irgendein Radio- oder Fernsehsender einen solchen Manager als „sozial schwach" bezeichnen? Eher nicht. Wäre ein solch hoch gebildeter und hoher Angestellter, er ist nichts anderes, menschlich „sozial stark?" Absolut nicht!

Aber was hat das alles mit dem privaten Sicherheitspersonal zu tun? Sehr viel, denn wir bewachen auch das Hab und Gut der Wohlhabenden und Reichen, wenn ein Bewachungsauftrag vorliegt. Ob auch Weltkonzerne darunter sind, habe ich im Internet nicht ausfindig machen können, nehme es aber sehr stark an.

Zusammen mit unseren Arbeitgebenden sind wir Wachleute, egal ob gewollt oder nicht, die Helfershelfenden in einem ästhetisch bestimmt nicht immer „astreinen" System, halten es aber mit am Laufen.

Wer die Auftraggebenden sind, ist am Ende vollkommen wurscht, weil wir auch von ihren Aufträgen leben. Solange wir uns nichts zu Schulden kommen lassen, ist arbeitstechnisch gesehen alles in Ordnung.

Trotzdem sind mir schulisch weniger gebildeten Menschen, die ihre Menschlichkeit bewahrt haben, oftmals lieber als der schulmäßig hoch Gebildete, der das Menschliche fast vollständig verloren hat.

Um nicht missverstanden zu werden: mir geht es weder darum, alle Bessergestellten, noch alle sozial Benachteiligten über einen Kamm zu scheren. Jedoch hat nach meinem Empfinden unsoziales Verhalten bei denen erheblich höhere Auswirkungen, die über sehr viel Macht, Geld und Einfluss in Wirtschaft und Politik verfügen. Warum? Auch weil es uns „kleinen Leuten," schlicht und einfach an entsprechenden Einflussmöglichkeiten fehlt.

Weil es so schön passt, noch etwas zu unseren Sprachgewohnheiten. Wenn wir vom „kleinen Mann" reden ist klar, was gesellschaftlich gemeint ist. Eine „kleine Frau" ist von ihrer Gestalt her eben klein. Es ist also nicht das gleiche!...Zurück zum Thema.

Die Kundschaft ist Königin

So oder so ähnlich heißt es doch. Für uns Wachleute heißt das konkret, dass, was die Auftraggebebenden, sprich die Kundschaft wünscht, wird so und nicht anders gemacht. Bei der Dienstkleidung könnte etwas mehr Flexibilität durchaus hilfreich sein.

Was hat das mit der jetzigen Pandemie zu tun? Mehr als gedacht, denn in Covid-19-Zeiten geht die Angst vor Jobverlust um. Oft zu recht, wie wir bereits gesehen haben.

Robert K arbeitet als Sicherheitsmann für einen privaten Messebetrieb in Emden. Heute ist sein erster Tag im Frühdienst, der um 6:00 Uhr beginnt. Als Robert gut 30 Minuten vor Dienstbeginn im ihn zugewiesenen Empfangsschalter eintrifft, beträgt die Außentemperatur schon 20° Celsius, sie soll an diesem Julitag auf satte 30° Celsius ansteigen. Walter M, ein rüstiger 69jähriger Rentner, weist ihn ein. Er trägt wie vorgeschrieben einen dunkelblauen Anzug mit Krawatte und Weste, dazu ein blütenweißes, langärmliges Hemd.

Auch der Neue ist bereits in Dienstkleidung erschienen aber Sakko, Weste und Schlips fehlen. Walter weißt ihn im freundlich-kollegialen Ton darauf hin. Selbst wenn draußen 35° Celsius herrschen, muss er „in voller Montur" seinen Dienst verrichten. Robert sieht es nicht ein. „Für die paar Piepen im Monat" soll er „sich tot schwitzen?"

Das macht er nicht mit. Wenn es „in diesem Kabuff" wenigstens eine Klimaanlage gäbe, wäre das ja in Ordnung. Der Kollege weißt ihn immer noch freundlich aber bestimmend und in einem ernsthaften Ton darauf hin, dass die Geschäftsleitung der Messe die Kleiderordnung vorgibt. Nur sie allein entscheidet, ob es eine Schlips- oder Sakkobefreiung gibt oder nicht. Selbst die Weste darf nicht eigenmächtig abgelegt werden.

Robert jedoch bleibt weiterhin stur. Walter will ihn jedoch „nicht dumm sterben lassen" und sagt ihm, dass die Damen und Herren der Geschäftsführung gerade an *diesem* Empfangsschalter oft vorbei kommen. Falls es dann Schwierigkeiten gibt, hält er sich raus. Schließlich kann er ihn nur über die korrekte Kleiderordnung hinweisen aber nicht zwingen, sich danach zu richten.

Der Neue möchte sich noch nicht geschlagen geben und ruft seinen Vorgesetzten an. Der jedoch reagiert anders als erhofft. Schließlich ist der „Kunde König" und er als Dienstleister hat sich zu fügen. Ab dem nächsten Einsatz erscheint der Wachmann so, wie es von ihm erwartet wird.

An den nächsten Tagen fällt Robert bei seinen Kontrollrunden durch die Messehallen auf, dass dort viele Türen Spiel haben. Er schreibt dem Hausmeister sofort eine E-Mail, ruft in der Einsatzzentrale des ihn beschäftigenden Wachbetriebes an, dokumentiert den Sachverhalt im Dienstbuch. Wochen vergehen, nichts passiert, woran weitere Mails leider auch nichts ändern!...

Das ein solches Verhalten vonseiten der Auftraggeberin nicht gerade dazu motiviert, jede kleinste Unregelmäßigkeit zu melden, liegt auf der Hand. Nichtsdestotrotz wird Robert es auch weiterhin schon aus Gründen des Selbstschutzes so und nicht anders handhaben, um im Konfliktfall beweisen zu können, dass er alles richtig gemacht und nicht versagt hat.

Eines Nachts hat Robert einen Traum. Er ist mit seinem Kollegen Tim U im Nachtdienst und hat die Hallenaufsicht inne. Der Kollege ist in der Standbewachung eingeteilt.

Auf einmal bemerkt er auf seinen Kontrollrunden durch die Hallen, dass Tim sich an seinem Wachposten einen Kugelschreiber einsteckt, der dem Standbetreiber gehört. Sofort fordert der Sicherheitsmann seinen Kollegen auf, diesen wieder zurück zu legen, sonst ruft er die Einsatzzentrale an, um den Diebstahl zu melden. Legt Tim den Schreiberling wieder an seinen Platz, ist die Sache erledigt. Der Kollege erkennt den Ernst der Lage und alles wird wieder gut.

Denn er weiß, dass es hier nicht um den Kuli an sich, sondern um das Prinzip geht. Hätte Robert es bei Tim durchgehen lassen, hätte er sich, ob gewollt oder nicht, zum Komplizen gemacht. Das hätte auch seinen den Arbeitsplatz kosten können. Darum wäre der Anruf bei der Zentrale auch kein „verpfeifen" gewesen. Als Robert aufwacht ist ihm klar, dass solche Situationen im wahren Leben nach dem Ende der Pandemie durchaus wieder vorkommen können und auch passieren werden!...

Zum Glück geht es, was das tragen der Dienstkleidung betrifft, nicht in allen Objekten so rigoros zu. Nach meinen Erfahrungen ist es in Behörden oft der Fall. Schlips, Halstuch, Sakko und Weste dürfen bei großer Sommerhitze auch eigenständig abgelegt werden. Selbst kurzärmlige Blusen und Oberhemden sind erlaubt, sofern kein Zwang zum tragen einer Weste besteht.

Bei der Baustellenbewachung ziehen wir wie bei Festivals in den bereits erwähnten Stadien ein Arbeitspoloshirt und einer Einsatzhose an. Kurze Hosen sind auch in der warmen Jahreszeit überall verboten. Was ich generell festgestellt habe ist, dass die Kundschaft in Sachen Kleiderordnung generell konservativ aufgestellt ist.

Wie verhält es sich mit ausgefallenen Wünschen der Auftraggebenden? Nehmen wir an, es ist Osterzeit und die Geschäftsführung eines großen Kaufhauses kommt auf die „glorreiche" Idee, die Detektive in Hasenkostüme stecken zu wollen. Dienstkleidung mal anders. Etwas Neues wagen statt stockkonservative alte Hüte in Ehren zu halten. Außer den Eingeweihten beachtet niemand die Sicherheitskräfte, auch die Langfinger nicht. Aber ist das in Ordnung?

Auf einmal entdeckt eine Wachkraft einen Dieb bei seiner „Arbeit." Sofort wetzt sie los, wohl bemerkt im Hasenkostüm, um ihn zu fassen. Die Kundschaft grölt und biegt sich vor Lachen, der Räuber lacht sich schlapp und rennt mit seiner Beute davon. Kurz gesagt: kein seriöser Wachbetrieb würde auf einen solchen Wunsch eingehen, schon um zuerst den eigenen Ruf zu wahren und natürlich auch zum Schutz der Mitarbeitenden.

Um die Reputation hochzuhalten steht neben der bereits erwähnten Nüchternheit eine weitere Banalität schwarz auf weiß in jeder Dienstanweisung, die keinerlei Wünsche offen lässt. Nämlich das Verbot, in den Büros der Objekte, die wir betreuen, sämtliche Dokumente und Unterlagen nicht anzurühren.

Anscheinend gibt es Sicherheitsleute, wenn auch zum Glück nur wenige, die gern in Dingen herumschnüffeln, die sie absolut rein gar nichts angehen!...

Vorrangig bekommen wir „kleinen" Wachleute die – zugegeben – meistens männlichen Entscheider unserer Kundschaft schon aus hierarchischen Gründen nicht zu Gesicht. Falls aber doch, reicht dann die normale Höflichkeit aus?

Ist zu diesen „hohen" Herrschaften schon wegen ihrer wirtschaftlich höheren Stellung nicht automatisch noch ein bisschen mehr Freundlichkeit und Zuvorkommenheit als bei den anderen geboten? Schließlich verdanken wir doch gerade ihnen, in ihrem Unternehmen oder in ihrem Amt arbeiten zu dürfen!

Augenhöhe versus hierarchischer Strukturen ist ein Gegensatz, der selbst bei bestem Willen kaum zu überwinden ist. Alle Menschen gleich zu behandeln findet genau dann ihre Grenzen, wenn Ranghöhen beachtet werden müssen.

Selbst wenn Wachbetriebe richtigerweise in ihren Dienstanweisungen darauf hinweisen, dass wir Sicherheitsleute mit der Kundschaft weder in einem unterwürfigen noch in einem hochnäsigen Ton kommunizieren sollen, ist der Grad zwischen Unterwerfung und dem Sich-Behaupten oft sehr schmal. Das gilt hauptsächlich dann, wenn der Wach- und Sicherheitskraft ein oder sogar mehrere Fehler unterlaufen sind und sie entdeckt werden.

Jochen V arbeitet als Empfangskraft in einer Krefelder Hochschule, die aus insgesamt drei Gebäuden besteht, die alle mit einer Einbruchsanlage ausgestattet sind und zum Feierabend scharf geschaltet werden müssen. Nach seinem letzten Kontrollrundgang gibt er wie immer den Generalhauptschlüssel in der Pforte eines Nebengebäudes ab und beendet seinen Dienst.

Danach fährt Jochen direkt zu seiner Freundin und freut sich auf sein freies Wochenende mit ihr. Am darauffolgenden Montag fährt er von ihrer Wohnung direkt wieder zum Spätdienst, wo ihn seine Kollegin Cordula B schon erwartet. Er soll sofort zum Präsidenten Herrn Prof. Dr. O kommen sagt sie im scharfen Ton. Verdutzt fragt Jochen, was denn los sei. Das würde er schon zu hören bekommen, sagt die Kollegin kühl.

Auf dem Weg zum Direktor der Bildungseinrichtung fällt es ihm auf einmal glühend heiß ein, dass er vergessen hat, die Einbruchs- und Alarmanlage zu aktivieren. Natürlich macht er sich große Vorwürfe. Wie konnte es ihm nur passieren, dass er vergessen konnte, die Anlage scharf zu schalten? Das darf doch nicht wahr sein! Schuldbewusst klopft er an der Tür des Präsidenten. Als dieser ihn in sein Büro bittet, tritt Jochen mit hängenden Schultern und gesenktem Kopf ein. Einen Sitzplatz bekommt er selbstverständlich nicht angeboten.

Der Präsident legt sofort nach einer knappen Begrüßung los und erklärt ihm, dass er wie immer zu Wochenanfang in seinem Computer nachsieht, ob über das Wochenende alles fehlerfrei funktioniert hat. Über zwei Stunden ist ausgerechnet die Einbruchs- und Alarmanlage *im Hauptgebäude deaktiviert* gewesen. Hätte der Sicherheitsmitarbeiter, der am letzten Freitag Nachtdienst hatte, auf seinem Rechner diesen „*unsagbaren Fehler*" nicht bemerkt und entsprechend reagiert, wäre das Haus mehr als zwei Tage *unscharf* gewesen!

„Was, wenn ein Einbruch stattgefunden hätte? In unserer Einrichtung befinden sich Werte von insgesamt mehreren hunderttausend Euro!" Der Präsident redet sich richtig in Rage. „Heute ist *definitiv* Ihr allerletzter Dienst in unserer Schule, das verspreche ich Ihnen! Sie sind mit Abstand der *ungeeignetste* Wachmann, der mir je unter die Augen gekommen ist! Sie sind ein absoluter *Minderleister!* Sie müssen noch *Geld* zur Arbeit *mitbringen!*" „Ich möchte mich bei Ihnen für meine Verfehlung in aller Form entschuldigen und werde hoffentlich daraus lernen." sagt er in einem fast unterwürfigen Ton. „Na ja, die Hoffnung stirbt zuletzt. Sie können gehen." sagt der Präsident in einem immer noch sehr verärgerten Ton zu ihm.

Cordula ist schon in Hut und Mantel, als ihr Kollege im Empfangsbüro eintrifft. „Das ist mein letzter Tag" sagt er traurig. Zwei Jahre Einsatz als Rezeptionist, alles lief glatt und nun das!

Er galt als einer der freundlichsten am Empfang. Aus der Kollegschaft hieß es oft, er wäre viel zu freundlich. Jetzt ist alles vorbei, denkt er. „Du sollst die Chefin anrufen." sagt die Kollegin knapp und weg ist sie.

Jochen sieht die nächste Welle Ärger auf ihn zurollen. Er denkt, dass er es nicht besser verdient hat, so behandelt zu werden und wer selbst verschuldet unten ist, kann logischerweise nicht runter gemacht zu werden. Der Wachmann schämt sich sehr für seine *absolute* Fehlleistung.

Das Telefonat mit seiner Vorgesetzten Frau S ist kurz. Die studierte, sehr attraktive Sicherheitsexpertin ist Ende Dreißig, gilt als distanziert aber gerecht und bestellt den Wachmann für den nächsten Vormittag um Punkt 11:00 Uhr zu sich. Er ist überpünktlich vor Ort, muss aber etwas länger als geplant warten.

Warum er nicht zu erreichen gewesen wäre, sie hätte bei ihm zu Hause und über sein Handy immer wieder angerufen, ihn aber nicht erreicht. „Allerdings muss ich dem Wunsch der Hochschule nachkommen und Sie dort raus nehmen, allein schon deshalb, weil sie seit über 16 Jahren zu unseren besten Kunden zählt."

„Wenn Sie mir kündigen, würde ich das absolut verstehen." sagt der SMA immer noch schuldbewusst. Stattdessen geht es für ihn in ein großes Autohaus am Rande der Stadt.

Das Krefelder Sicherheitsunternehmen hat vor wenigen Monaten den Zuschlag für die Bewachung bekommen und benötigt noch weitere Arbeitskräfte. Viele Wachleute haben ihren vorherigen Wachbetrieb gegen den jetzigen ausgetauscht, um dort bleiben zu können. Einige von ihnen beschweren sich aber, dass sie jetzt wieder eine Probezeit durchlaufen und mit weniger Urlaub zufrieden sein müssen, obwohl sie seit vielen Jahren das Objekt bewachen. Alles Gute ist eben selten beieinander!

Gesundheit!

Dicke, meistens männliche Sicherheitsmitarbeiter hat es schon immer gegeben. Auch in den jetzigen Corona-Zeiten sind sie nicht ausgestorben. Wie ich sehe holen Frauen diesbezüglich ganz schön auf. Die Gründe für übergewichtige Menschen sind bekannt. Sofern keine entsprechenden Krankheiten für die Fettleibigkeit verantwortlich sind, liegt es an falscher Ernährung und einem mehr oder weniger eklatanten Bewegungsmangel. Bekanntermaßen spielen der soziale Status und die damit einhergehende schulische Bildung ebenfalls eine wichtige Rolle.
Nach meinem Erleben ist es einerseits immer noch so, dass viele Wachleute nicht unbedingt die Zeit haben, für genügend Bewegung zu sorgen. Die Gründe dafür sind eindeutig. Neben langen Arbeitszeiten und den Schichtdiensten kommen noch die Wege zur Arbeit und der Heimweg hinzu und die können es in sich haben. Viele von uns sind auf die öffentlichen Verkehrsmittel angewiesen und sind oft etwa 15 Stunden oder mehr aus dem Haus.
So wie Markus D aus Nürnberg. Der 54jährige Sicherheitsmitarbeiter und gelernte Steinsetzer ist in seinen jungen Jahren in einem Schwimmverein aktiv, nimmt an Wettkämpfen als Halbprofi teil. Dann der Paukenschlag. Markus erleidet einen schweren Arbeitsunfall und kann nicht mehr in seinem

geliebten Beruf auf dem Bau arbeiten. Schweres heben ist für ihn ab sofort tabu. Nach seiner Genesung bietet ihm die Bundesarbeitsagentur einen Paragrap-34a-Kurs für Sicherheitskräfte an, den der „frisch gebackene" Wachmann mit Bestnoten besteht. Als er mit knapp 43 Jahren im privaten Sicherheitsgewerbe anfängt, wird es für ihn immer schwieriger, seine sportlichen Aktivitäten wie gewohnt beizubehalten. Der Sicherheitsmann arbeitet in 12-Stundenwechselschichten monatlich bis zu 200 Stunden und mehr und fängt entweder um 6:00 Uhr morgens oder um 18:00 Uhr abends mit der Schicht an.

Markus kann während der Schichtblöcke nur arbeiten und daheim sechs bis sieben Stunden schlafen. Schwimmen und Krafttraining sind nur noch an Schlaftagen, wenn er aus dem Nachtdienstblock kommt oder an einem seiner wenigen freien Tage möglich. Besonders hart ist es, wenn er nach fünf Nachtdiensten nur den Schlaftag hat und danach in einen Fünf-Tage-Block wechselt.

Dann hätte er lieber noch einen Tag länger frei, um danach ausgeruht wieder zur Arbeit zu gehen. Aber genau das ist wegen der dünnen Personaldecke nur sehr selten möglich.

Der Wachmann hat vor drei Jahren nochmals einen sehr schweren Schicksalsschlag hinnehmen müssen: seine Frau verunglückt mit den gemeinsamen zwei Kindern tödlich. Das zieht ihm die Füße unter dem Boden weg. Der früher athletische Mann fühlt sich innerlich leer und kraftlos, nimmt um eine sehr große Menge an Kilogramm zu.

Inzwischen bemüht er sich mit Leibeskräften unter ärztlicher Aufsicht abzunehmen, hat seine Ernährung umgestellt und arbeitet daran, über seinen herben Verlust hinwegzukommen. Langsam aber stetig nimmt er unter ärztlicher Unterstützung ab, beginnt wieder Sport zu treiben und arbeitet seit einem Jahr nur noch 190 Stunden im Monat.

Andererseits ist mir den letzten Jahren viel Positives aufgefallen. Dazu gehört, dass die Zahl der Übergewichtigen in unserem Gewerbe abzunehmen scheint. Auch sehe ich immer mehr Wachleute, die nicht rauchen und bei nicht wenigen habe ich den Eindruck, dass sie durchaus sportlich aktiv sind. All das ist nicht unbedingt repräsentativ obwohl genau das wünschenswert wäre!...

Denn die Folgen der Fettleibigkeit können, wir alle wissen, immens sein. Bluthochdruck, Diabetes, Herzerkrankungen und dergleichen mehr. Die Behandlung der dadurch begünstigten Krankheiten kostet die Allgemeinheit sehr viel Geld. Präventives Handeln ist geboten, auch und gerade um letztendlich vermeidbare Kosten weitestgehend zu eliminieren. In welcher Form können Sicherheits- und Wachbetriebe mit dazu beitragen, die Gesundheit ihrer Angestellten zu erhalten?

Gesundheitskurse oder betriebseigene Fitnessräume werden soweit es mir bekannt ist noch nicht einmal den dortigen Führungskräften angeboten. Könnte beides auf längere Zeit gerechnet zur Kosteneinsparung beitragen, weil Beschäftigte körperlich fitter werden und dadurch weniger erkranken? Wäre es möglich, mit einem erhöhten Wohlbefinden und einer damit verbundenen besseren

Lebensqualität auch den Unternehmensgewinn zu steigern?

Wäre es wenigstens für unsere Führungskräfte von großem Vorteil, wenn Gesundheitskurse vom Unternehmen bezahlt oder auf Betriebskosten Fitnessräume eingerichtet würden? Bis dato wird in unserer Branche meines Wissens über all diese wichtigen Fragen nicht einmal nachgedacht, geschweige denn, darüber diskutiert. Die Bankenbranche ist da schon wesentlich weiter, denn sie bietet ihren Mitarbeitenden Fitnessräume an.

Was jedoch in gut geführten Wach- und Sicherheitsunternehmen passiert ist, dass regelmäßig schriftlich über die aktuelle Covid-19-Lage informiert wird, ich selbst bin in einem solchen Betrieb beschäftigt. Verhaltensregeln werden, Stichwort Fürsorgepflicht, stets aktualisiert für die Beschäftigen herausgegeben.

Selbst wenn es in vielen Bewachungsobjekten den Anschein erwecken mag, Kühlschrank und Mikrowelle oder gar eine Kochstelle sind absolut keine Selbstverständlichkeit. In vielen Objekten fehlt entweder eines von beiden oder es ist schlicht und einfach weder das eine noch das andere vorhanden. Viele, auch und gerade fettleibige Wach*männer* nehmen sich in solchen Fällen haufenweise belegte Brote und Getränke mit einem hohen Zuckergehalt insbesondere zu den Zwölfstundendiensten mit, all das habe ich selbst mit eigenen Augen gesehen.

Dabei gibt es durchaus Alternativen. Aber darauf müssen die Betroffenen selbst kommen. Manchmal frage ich mich, ob viele von ihnen einfach zu bequem sind, etwas zu unternehmen, bevor es zu spät ist.

Dabei weiß ich, wovon ich rede, denn auch mir ist es nicht gegeben, grenzenlos zu essen ohne stark zuzunehmen. Das Glück haben andere.

Arbeit kann auch krank machen, dass kenne ich aus meinem eigenen Berufsleben. Die folgenden Zeilen zeigen, dass es auch unsere Gesellschaft des Öfteren an manchen Stellen krankt. Dazu passt eine wahre aber wie immer von mir veränderte Geschichte.

Herr F arbeitet als Personalchef in einem mittelgroßen Sicherheitsunternehmen in der hessischen Stadt Wiesbaden. Frohen Mutes meldet er zwanzig mit Sicherheitskräften zu besetzende Stellen bei den dortigen Arbeitsbehörden. Dazu schaltet er Annoncen in mehreren Tageszeitungen.

Immer wieder erlebt er, dass Bewerbende ihn bitten, eine Bescheinigung auszustellen, dass der Personalchef sie oder ihn für die Tätigkeiten als ungeeignet einstuft, um weiter staatliche Unterstützung beziehen zu können. Wieder andere haben ihre eigenen Methoden, um bloß nicht eingestellt zu werden.

Eines schönen vormittags ist Berthold A zum Vorstellungsgespräch um 10:00 Uhr eingeladen. Fünf Minuten vor dem Termin sieht Herr F aus seinem Bürofenster und beobachtet, wie sich sein potentieller neuer Mitarbeiter für das Gespräch „vorbereitet:" Er holt einen Flachmann aus seiner Jackentasche und beträufelt seine Jacke mit dem hochprozentigen Getränk. Mehrere gezielte, ordentliche Spritzer drauf und fertig. Dann klingelt er.

Eine Mitarbeiterin begrüßt ihn freundlich und heißt ihn willkommen, nachdem er sich mit seinem Namen vorgestellt hat. Wenige Minuten später bittet ihn der

Personalchef in sein Büro und bietet ihm einen Platz an. Das Vorstellungsgespräch ist von kurzer Dauer, schließlich weiß Herr F Bescheid und der Job ist wie gewollt futsch.

Noch dreister ist, und auch das hat Herr F nicht nur einmal erlebt, dass Bewerbende angetrunken zum Vorstellungstermin erscheinen. Selbstverständlich ist das nicht die Mehrheit der Jobsuchenden, aber auch das gibt es. Was sind die Gründe dafür? Sind diejenigen, die sich dermaßen daneben benehmen, einfach nur faul? Ein Gedanke, der durchaus nachvollziehbar ist. Er kann stimmen, muss es aber nicht.

Meiner Meinung nach haben beileibe nicht alle in unserem Rechtsstaat eine freie Berufswahl. Für Menschen, die Geld vom Jobcenter beziehen, scheint das wie an voriger Stelle beschrieben eher nicht zu gelten. Genau daran krankt es und das nicht gerade wenig.

Gernot K aus Paderborn ist seit einem Jahr „Hartzer." Anfang 2020 bekommt er vom Jobcenter die Aufforderung, den Gewerbeordnungskurs gemäß Paragraph 34a zu absolvieren. Notgedrungen nimmt der gelernte Bürokaufmann daran teil, obwohl er sich absolut nicht als künftigen Sicherheitsmitarbeiter sieht. Nach drei Monaten Schulbank drücken besteht er die Prüfung nur knapp, aber bestanden ist bestanden. Kaum zwei Monate später fängt der 34jährige in einem Wachbetrieb an. Seine Aufgabe: er im soll ein Parkhaus eines Einkaufszentrums bewachen, erst einmal nur im Tagesdienst.

Der Job ist ihm zu eintönig, aber er bemüht sich, zieht es durch. Nachdem der Bewachungsauftrag zwischen dem Parkhaus und dem Wachbetrieb im November 2020 ausläuft, soll Gernot in einem größeren Industriebetrieb regelmäßige Kontrollrunden durchführen. Rund um die Uhr, Tag und Nacht im Wechsel á 12 Stunden, auch an Feiertagen und Wochenenden. Eine Stunde bestreifen, danach eine halbe Stunde Pause. Danach wieder eine Stunde bestreifen,...

Zur Eintönigkeit gesellt sich nun auch stetige Wechsel, was Ruhezeit und arbeiten angeht. Vor allem tagsüber zu schlafen fällt ihm zunehmend schwer. Der Sicherheitsmann wird immer wieder krank. Gernot bewirbt sich in seinem alten Beruf und bekommt eine Stelle, wenn auch in einer anderen Stadt, die weit entfernt vom Zuhause des Ex-Wachmannes ist. Damit schlägt er zwei Fliegen auf einmal. Er kommt dem Wachbetrieb zuvor und kündigt, bevor ihm gekündigt wird und ist glücklich, wieder in seinem alten Tätigkeitsfeld arbeiten zu können.

Aber wie haben sich die Arbeitsbedingungen und damit auch der Gesundheitsschutz in der Wach- und Sicherheitsindustrie in der Corona-Krise für diejenigen entwickelt, die noch darin arbeiten? Dazu zwei interessante Fälle.

Andrea K arbeitet seit fast 15 Jahren als Wachfrau in Ravensburg. In grauer Vorzeit, also kurz vor dem Ausbruch der Pandemie, schwört sie sich – mit immerhin 61 Jahren – niemals mehr auf ihre mindestens 12 Stunden Ruhe zwischen Arbeitsende und -beginn zu verzichten. Aber im April 2021 schmilzt der Schwur wie Butter in der Frühjahrssonne dahin.

Das Sicherheitsunternehmen, für das sie seit etwas mehr als einem Jahr arbeitet, hat einen neuen Bewachungsauftrag für ein Jahr ergattert und schickt sie auf eine kleine Baustelle auf der ein ein Asylheim entstehen soll.

Nur Nachtdienste à 13 Stunden. Andrea findet das nur allzu heftig. Ist das überhaupt erlaubt? Soweit es ihr bekannt ist, sollen angeblich bei 12 Stunden vier Stunden Bereitschaftsdienst vorgeschrieben sein. In dieser Zeit sie dürfe sie sich zurückziehen, müsste aber telefonisch erreichbar sein. Davon träumt nicht nur Andrea, denn die Realität sieht auch bei ihrer Kollegschaft anders aus.

Viel schlimmer als die langen Arbeitszeiten empfindet sie die Arbeitsbedingungen! Als sie auf der Baustelle, die fünf Tage zuvor eingerichtet wurde, ankommt, gibt es weder elektrischen Strom noch fließend Wasser, dafür ein Klohütchen aus Plastik inklusive Urinal. Manchmal wünscht sich Andrea, ein Mann zu sein!...

Ein Wassertoilettencontainer steht bereits. Weil der demnächst erst an das Wassernetz angeschlossen werden muss ist er noch verschlossen und kostet bestimmt jetzt schon Standmiete.

Das lässt immerhin hoffen, dass die Hygienesituation bald besser wird. Gleich hinter ihrem Einsatzort schließt sich ein Kinderheim an.

Eines Tages geht Andrea dort vorbei, und schaut, ob Sicherheitspersonal vor Ort ist. Sie hat Glück. Kurzerhand stellt sie sich an der Pforte vor und fragt, ob es möglich wäre, die Toilette mitbenutzen zu dürfen.

Der Wachmann hat nichts dagegen. Die Sicherheitsfrau braucht bloß an einem Nebeneingang zu klingeln!...
In dem ihr zugewiesenen Baucontainer ist die Sicherheitsfrau mit ihren vier Kollegen nur geduldet. Denn dieser steht in erster Linie der Bauleitung zur Verfügung und die würde den Wachschutz lieber vorgestern als gestern dort nicht mehr sehen. Der Bauherr erwartet von den Sicherheitsleuten ständig auf dem Bau Präsenz zu zeigen, zudem soll das Bautor während der Bewachungszeit immer offen stehen. Von wegen andauernd faul im Baucontainer sitzen, dafür zahlt er nicht.
Und was ist, wenn mir jemand auf meinem Kontrollgang von hinten eins über den Schädel haut? Zumindest zum Essen und Trinken muss der Baucontainer betreten werden dürfen, denkt Andrea. Jetzt, während es draußen oft warm ist, ist es in Ordnung, sich meistens draußen aufzuhalten. Aber nicht bei nasskaltem Wetter im Winter. Sie ruft ihren Chef an und teilt ihm ihre Sorgen mit.
Die Wachfrau darf bei Rundgängen das Bautor hinter sich abschließen und im Container sitzen. Insofern sie wie vorgeschrieben zwei mal pro Stunde ihren Kontrollgang macht, ist dagegen nichts einzuwenden. Trotzdem: gesund ist eine 13-Stundenschicht mit Sicherheit nicht! Andrea merkt vor allem, dass ihr elf Stunden Ruhezeit zu wenig sind. Der 61jährigen fehlt eine ganze Stunde, das spürt sie auch körperlich in Form von Schlafdefiziten, hauptsächlich nach vier Einsatznächten am Stück. Da nützt der eine freie Bonustag, der Andrea und ihrer Kollegschaft vom Wachbetrieb eingeräumt wird, auch nicht viel.

Doch es kommt noch schlimmer. Nach gut vier Wochen im Einsatz auf der Baustelle kommt die Wachfrau eines Abends zum Dienst, um den Schlüssel für den Baucontainer vom Revierfahrer in Empfang zu nehmen nur, den kann sie nicht bekommen. Ein anderer Kollege hat nach Dienstschluss vergessen, den Container abzuschließen. Für den Bauleiter ist das ein gefundenes Fressen, um dem ungeliebten Wachschutz die Tür zu weisen und ein neues Schloss einbauen zu lassen.

Bis ein kürzlich vom Sicherheitsunternehmen versprochener Wachcontainer kommt, steht für die Kollegschaft ein Betriebsauto zur Verfügung, das vor dem Bautor bereit steht. Andrea ist entsetzt, fügt sich aber, was bleibt ihr auch anderes übrig?

Nur eine Woche später, die Sicherheitsfrau hat wieder ihre 13-Stundenschicht auf dem Bau. Aus Rücksicht auf die Autobatterie hat sie weder das Innenlicht noch das Autoradio oft an gemacht. Das haben die vier anderen Kollegen womöglich anders gehandhabt, die Batterie ist leer. Bald kann die Sicherheitsfrau nichts mehr durch die Windschutzscheibe erkennen, weil ihr Atem an ebendieser kondensiert. Wie soll das nur im Winter werden fragt sie sich erneut.

Trotz Klimawandel kann der immer noch bitterkalt werden. Bis dahin ist jetzt im Juni noch Zeit.

Wochen vergehen. Von einem Wachcontainer ist noch immer nichts zu sehen. Andrea reicht es, sie ruft den Betriebsrat des Wachbetriebes an. Die Kollegin am anderen Ende der Leitung verklickert ihr, dass sie das Recht habe, den Einsatz auf der Baustelle abzulehnen, weil weder elektrischer Strom noch fließend Wasser vorhanden sei und auch keine angemessene Rückzugsmöglichkeit bestehe. Das Auto reiche dafür nicht aus. Somit verletze das Unternehmen ihre Fürsorgepflicht in mehreren Fällen meint die Betriebsrätin. Ob ihre Angaben rechtens sind, kann Andrea zwar nicht beurteilen, nimmt aber an, dass sie stimmen.

Fünf Tage später, wir schreiben inzwischen Ende Juli, kommt der Wachcontainer in Form eines Bauwagens. Klimaanlage, Heizung, zwei aufklappbare Bänke, ein großer Tisch, eine große Deckenleuchte, ein Wachbuch, Stromanschluss, Kabeltrommel, alles da. Doch ohne Saft, keine Kraft.

Prima, denkt Andrea sarkastisch. Solange sie in dem Container sitzt, gibt es Taschenlampenschein statt elektrisches Licht. Während der Kontrollrunden steht der Wachcontainer, der eigentlich ein Bauwagen ist, komplett im Dunkeln. Das passt wie die Faust aufs Auge zu der fehlenden Baustellenbeleuchtung. Wenigstens beleuchtet eine Straßenlaterne, die auf dem Heimgelände steht, einen Teil der Baustelle, der „Wachcontainer in cognito" bekommt auch ein wenig davon ab. Ob das potentielle Diebe wirklich abschreckt?...

Es geht das Gerücht um, dass die Gefahrenabwehr sowie der Sicherheitsgedanke in allen Objekten angeblich nur die zweite Geige spiele und dass es in erster Linie darum gehe, die Kosten für die Versicherungspolice auf ein möglichst niedriges Niveau herunterzudrücken zu können. Wachleute als menschliches Mittel zum Zweck? Von alledem hat auch Andrea gehört und nimmt an, dass das stimmt. Dumm ist nur, dass sie nichts davon beweisen kann.

Die Sicherheits- und Wachindustrie ist verschwiegen und lässt sich ungern in die Karten schauen. Das wäre ein Widerspruch in sich.

Eines abends trifft sie rein zufällig den Bauleiter, der ihr erklärt, dass das Plastikklohüttchen demnächst verschwindet, weil der WC-Container jetzt Tag und Nacht offen steht und an das Wassernetz angeschlossen ist.

Dummerweise hat er ihr nicht gesagt, dass der Polier das Wasser zusammen mit der Elektrizität zum Feierabend abstellt. Was interessiert die Hygienesituation oder Covid-19, wenn Kosten eingespart werden können? Andrea spricht den Bauleiter bei der nächsten Möglichkeit an und beschwert sich bei ihm.

Der Diesel für das Stromaggregat und das Wasser sei viel zu teuer, um es auch nachts ausgerechnet für die Wachleute laufenzulassen. Der Sicherheitsbetrieb könne die dafür anstehenden Energiekosten sehr gern übernehmen meint er knapp und geht.

Inzwischen reicht es der Wachfrau nicht mehr, wegen der Zustände auf der Baustelle nur zu telefonieren. Sie schreibt ihrem Chef eine E-Mail, dass die jetzigen Zustände schnellstmöglich behoben werden müssten.

Falls sich bis Mitte August nichts ändere, würde sie ab dem 1. September den Wachauftrag nicht mehr bedienen.

Ihr Vorgesetzter schreibt ihr zurück, dass er sich mit seinen Kollegen aus der Geschäftsleitung in jeder Mittwochssitzung über die Lage auf der Baustelle berät und an der Sache „dran bleibt." Die Baustelle sei die kleinste von allen anderen. Es handele sich um einen sehr wichtigen und großen Auftrag desselben

Bauherrn, den der Hauptsitz des Wachunternehmens in Stuttgart an Land gezogen habe. Neben der Ravensburger Niederlassung sei auch die in Baden-Baden involviert, darum dürfe auf der Auftrag auf gar keinen Fall verloren gehen. Als sich neben der Wachfrau alle dort tätigen Kollegen ihr anschließen, sind die Missstände am Montag, dem 30. August 2021 behoben.

Wir schreiben das Jahr 2020, es ist Frühherbst. Der Wachmann Volker S arbeitet in einer Kultur- Wohn- und Gewerbeanlage in Koblenz. In ihr befinden sich eine Glaserei, eine Bäckerei, ein Progammkino mit Restaurant sowie ein Bioladen. Zwei Wohnhäuser machen die Anlage, die zudem aus fünf Höfen mit elf Aufgängen besteht, komplett. All diese Treppenhäuser müssen neben den Höfen kontrolliert und mit einem Ablesegerät erfasst und dokumentiert werden.

Was dem Sicherheitsmann der ersten Stunde seit jeher begeistert, sind die vielen Touristen, die dort endlich wieder in Scharen einkehren. Das hat er während der Schließung wegen Covid-19-Pandemie sehr vermisst. Jetzt kann er auch wieder seine Englischkenntnisse nutzen und auffrischen. Auch das Ablaufen der Höfe inklusive der Treppenaufgänge sieht er, im Gegensatz zu den meisten seiner Kollegen, eher sportlich.

Als Volker vor zwölf Jahren in der Anlage, die er scherzhaft „Gemischtwarenladen" nennt, mit neun Kollegen dort anfängt, bekommen sie eine fensterlose Abstellkammer als Provisorium zugeteilt. Die sich darin befindlichen Putzutensilien wurden heraus geräumt, jetzt dient er ihnen als Pausenraum.

Das Problem: daran hat sich bis heute absolut gar nichts geändert.

Das diese „Butze" über die Jahre total verdreckt ist und es trotz des von Anfang an bestehenden Rauchverbotes nach altem Qualm stinkt, liegt in der Verantwortung des dort arbeitenden Wachpersonals, das ist gar keine Frage. Geraucht wird dort bis zum heutigen Tag und das bis zum Abwinken. Volker ist einer von den wenigen Nichtrauchern, die dort arbeiten.

Auch dass das Objekt wegen der vielen Aufgänge bei den meisten seiner Kollegschaft eher bitter aufstößt, hat mit fehlender Fitness, ungenügender Einsatzbereitschaft oder mit beidem zu tun, Das ist nicht die Schuld der Auftraggebenden und ebenso wenig die des Sicherheitsunternehmens. Dafür stehen alle für sich selbst in der Verantwortung, sagt der Wachmann.

Trotzdem zeigen beide Beispiele auch, wie viel Verachtung, Gleichgültigkeit oder beides von den Auftraggebenden unserem Gewerbe entgegengebracht werden kann. Eine Baustelle, auf der es viel zu lange dauert, bis dort endlich akzeptable Arbeitsbedingungen einkehren und ein Raum, in dem über Jahre hinweg keine Möglichkeit besteht, ein Fenster zu öffnen und lüften zu können, damit kein krank machender Pilz an den Wänden eine Chance zum wachsen bekommt.

Es ist nicht bekannt, ob sich die dort eingesetzten Wach- und Sicherheitskräfte für einen Pausenraum mit einem zu öffnenden Fenster bei ihrem Vorgesetzten stark gemacht haben oder nicht.

Die 3-G-Regeln-Kontrolle und die der Parkplätze

Jutta arbeitet für ein Wach- und Sicherheitsunternehmen in Göttingen und gilt mit mehr als 14 Jahren Erfahrung im privaten Wachgewerbe als eine erfahrene Kraft. Das weiß auch ihr Objektleiter Herr N. Er hat extra an sie gedacht, als der Auftrag einer am Rande der niedersächsischen Stadt liegenden Gummiwarenfabrik auf seinem Schreibtisch landete. Bei den Beschäftigen sollen die 3-G-Regeln, die seit Freitag, dem 19. November 2021 bundesweit gelten, kontrolliert werden,. Obwohl die Fabrik auch samstags eine Frühschicht und sonntags eine Nachtschicht hat, soll Jutta lediglich von Montag bis Freitag zur Frühschicht ab dem 22. November um 5:30 Uhr an der Pforte erscheinen.
Der beginnt offiziell um 6:00 Uhr, die ersten Mitarbeitenden fahren jedoch schon vor 5:00 Uhr auf das Betriebsgelände, um einen der knappen aber heiß begehrten Parkplätze zu ergattern. Ihr Dienst endet um 14:00 Uhr, exakt zum Beginn der Spätschicht im Werk. Einen Spätdienst, der die weitere Kontrolle übernimmt, gibt es nicht. Zudem ist sie alleine an der Pforte. Eigentlich bräuchte sie dringend eine zweite Wachkraft, die ihr bei der 3-G-Regel-Kontrolle hilft. Ihre jetzige „Unterstützung" besteht aus einem Diensthandy, einem Klemmbrett mit DIN-A4-Formblättern und einem Kugelschreiber, um das, was geschieht, dokumentieren zu können.

Die in der Fabrik Beschäftigen kommen zu Fuß, mit dem Elektro- oder Tretroller, dem Fahrrad, und natürlich mit dem Auto zur Arbeit. Obwohl sie flink und gewissenhaft arbeitet gehen ihr viele der Beschäftigen „durch die Lappen."

Die meisten, die sie nach dem Namen fragt und ob eine Genesung, Impfung oder ein Test vorliegt, geben mehr oder weniger freundlich Auskunft über ihren Status. Viele halten ihr wortlos kurz ihr Handy vor das Gesicht und sind flugs wieder weg. Diejenigen, die sich verweigern, sind in der Minderheit.

Genau dann wünscht sie sich, in der Zeit der Covid-19-Pandemie vorübergehend polizeiliche Rechte zu bekommen. Aber das bleibt Wunschdenken. Hoheitliche Rechte bleiben ihr, wie allen anderen, die nicht polizeilich verbeamtet sind, auch weiterhin verwehrt.

Jutta muss es weiter hinnehmen, wenn jemand weder den Impfstatus noch den Namen preisgeben mag. Selbst ob Ungeimpfte ihrer täglichen Testpflicht im vom Werk eingerichteten Testzentrum wahrnehmen oder nicht, muss nicht verraten werden. Die meisten machen es aber doch und wieder einige zeigen ihr Testergebnis sogar vor.

Die Wachfrau freut es, wenn sie zuweilen von den im Werk arbeitenden Anerkennung für das viele Draußen stehen bekommt, was der 42-jährigen gelernten Landwirtin nicht allzu viel ausmacht. In dieser Jahreszeit ist es nun mal oft nasskalt und regnerisch mit Temperaturen um den Gefrierpunkt.

Schlechtes Wetter, sagt sie, gibt es nicht, allenfalls verkehrte Kleidung. Falls möglich, fährt sie die fast 13 Kilometer von ihrem Zuhause bis zu ihrem Einsatzort mit dem Fahrrad. Sportlich und beweglich zu sein und zu bleiben ist ihr auch in den kalten Jahreszeiten wichtig.

Nichtsdestotrotz ist die Sicherheitsmitarbeiterin froh, dass ihr von Anfang an ein von der Fabrik frei gestellter Pausenraum zur Verfügung steht. Jutta hofft, dass kein allzu harter und kalter Winter mit Temperaturen weit unter dem Gefrierpunkt vor der Tür steht. Zwei Stunden am Stück *allein* draußen zu arbeiten mag ja noch gehen, denkt sie. Aber mehr auf gar keinen Fall. Trotz aller Fitness.

Da muss sich der Wachbetrieb etwas einfallen lassen, meint sie und teilt all das ihrem Chef in einer E-Mail mit. Wenige Wochen später, am Montag, dem 6. Dezember ist ihr Kollege Cornelius T mit ihr an der Pforte.

Das „Arbeitswerkzeug" mit dem Jutta und ihr Kollege arbeiten müssen, bleibt außer dem Diensthandy gelinde gesagt weiterhin gestrig, um nicht zu sagen altertümlich. Beide befragen und notieren entweder die Preisgabe oder eben die Nichtpreisgabe der gewünschten Daten auf altbekannte Weise.

Es gibt auch diejenigen, die offen genervt reagieren, dass sie *schon wieder* nach dem Impfstatus fragt werden. So langsam sollte doch genau genau *ihr* oder *sein Gesicht,* gern auch das entsprechend dazu gehörende Auto *bekannt* sein. Bei rund 1900 Mitarbeitenden ist das nach so kurzer Zeit aber leider ein Ding der Unmöglichkeit, was die Wachfrau auch mit nachdrücklichen aber immer noch freundlichen Ton zu bedenken gibt. Bei einigen scheint der Hinweis jedoch nicht anzukommen.

Einige Zeit später erfahren Jutta und Cornelius, dass die Vorgesetzten der Fabrik ihre Mitarbeitenden nach ihrem Impfstatus fragen, natürlich auch zu Zeiten, an denen der Objektschutz nicht anwesend ist. Der Wachschutz ist lediglich unterstützend vor Ort, nicht mehr aber auch nicht weniger.

Neues Jahr, neue – zusätzliche – Aufgabe. Am Montag, dem 3. Januar 2022 erscheint der Objektleiter mit ihrem Kollegen Arno M im Wachcontainer. Das Werk möchte mithilfe des Wachbetriebes die Parkplatzordnung effektiver gestalten. Das ist auch mehr als dringend nötig, was das wilde Parken täglich beweist.

Sein Vorgesetzter zeigt dem Sicherheitsmitarbeiter alle vier Betriebsparkplätze und sagt ihm, worauf er während der vorgeschriebenen drei Kontrollrunden achten muss. So müssen von der Fabrik ausgegebene Parkausweise sichtbar an jeder Windschutzscheibe angebracht sowie Firmenwagen, die nicht zum Werk gehören, als solche erkennbar sein, wobei eine Visitenkarte ausreicht.

Der Wachmann bekommt, na, klar, ein Klemmbrett mit DIN-A-4-Formularen und einen Kugelschreiber ausgehändigt, um alle Regelverstöße zu notieren, die ihm auffallen. Das Diensthandy geht in seine Hände über. Zum Dienstende gibt er seine Aufzeichnungen beim Empfang ab.

Arno hat mehr als genug Arbeit. Fast täglich werden Feuerwehrzufahrten und alle möglichen Fluchtwege unbeachtet zugeparkt. Mehr noch, davorstehende

Pylonen werden einfach weggeräumt. Dass ein solches Verhalten einen sehr großen Bruch der Parkplatzordnung darstellt, scheint den meisten von ihnen erst dann einzuleuchten, wenn ihr eigenes Menschenleben durch einen Brand in Gefahr ist. Dagegen stellt sich das Zuparken von reservierten Parkplätzen und denen der Geschäftsleitung als schon fast harmlos heraus.

Oftmals ist der Parknachweis auf dem ersten Blick gar nicht zu sehen. Dann schaut Arno in die Autos hinein und sieht nach, ob er vielleicht in einer der Seitentüren, auf dem Boden oder dem Beifahrersitz liegt. Name und Telefonnummer, die auf jedem dieser Ausweise stehen, kann der Wachmann nicht immer ausmachen und vermerkt das dementsprechend auf einem Formblatt.

Anfangs ist Arno sehr motiviert, ruft nicht nur bei groben Fehlverhalten den Empfang oder den betreffenden Menschen direkt an. Ärger ist dann oft nicht weit. Wo soll denn das Auto bitteschön sonst geparkt werden, wird er dann oftmals vorwurfsvoll gefragt. Dass er genau das gar nicht wissen kann, wird weniger bedacht.

Noch problematischer wird die Lage, als ein weiteres Gebäude auf dem Fabrikgelände errichtet wird. Zwei „Containerburgen" versperren jetzt mehrere der schon vorher viel zu wenigen Parkplätze.

Als wäre das nicht schon schlimm genug, müssen jetzt jede Menge Parkplätze für die Bauleitung freigehalten werden. Einige der Mitarbeitenden reagieren darauf mit Neid und Missgunst.

Dass, wenn ein Auto ein bis drei weitere zuparkt und Arno anrufen muss, weil das Zuparken verboten ist, kommt täglich vor. Was er dann zu hören bekommt ist, dass ebendieses „mit den Kollegen abgesprochen" wurde. Das aber darf der Wachmann nicht durchgehen lassen, denn dafür wird er schließlich inzwischen mehr als gut bezahlt. Falls ihm das nicht gelingt, muss er auch das aufschreiben.

Am Donnerstag, dem 17. Februar 2022 stürmt und regnet es so sehr, dass es Arno gar nicht möglich ist, mit seinem Arbeitsmaterial draußen zu arbeiten. Flugs ruft er die für ihn zuständige Kontaktperson an, um zu fragen, ob seine Kollegin nicht noch ein Diensthandy bekommen kann, damit er die falsch parkenden melden und sie diese im Wachcontainer aufschreiben kann. Das wäre zu viel Aufwand, dann muss das notieren mal entfallen, das sei nicht so schlimm.

Traurig, aber wahr, denkt Arno, dem klar ist, dass es mal wieder um das Einsparen von Kosten geht, was das nicht vorhandene aber effektivere Tablet mit einschließt!...

Fünf Monate später. Arno ist längst klar, dass er gegen Windmühlen ankämpft, weil sich so gut wie gar nichts ändert. Nicht nur, dass es oftmals dieselben sind, die sich falsch verhalten. Angeblich würde mit denen geredet und, so wurde ihm berichtet, im Wiederholungsfall würden Geldstrafen drohen, es könnte sogar abgeschleppt werden.

Dumm nur, dass er rein gar nichts davon merkt. Einen Abschleppwagen hat er auf dem Betriebsgelände noch niemals gesehen, Bautransporter, die auf den Parkplätzen der Geschäftsleitung stehen, aber schon und das nicht nur einmal.

In solchen Fällen ruft Arno bei der Rezeption an und erfährt dass das schon in Ordnung sei und mit der Betriebsleitung abgesprochen wäre.
Wieder einmal bekommt er eine wichtige Information als letzter. Ärgerlich, selbst wenn es in den seltensten Fällen Absicht ist. Erneut zeigt sich, wo er und damit wir Wachkräfte stehen, wieso und warum ist an vorigen Stellen erörtert worden. Schließlich geht es uns besser, als viele denken. Dazu gleich mehr in dem folgenden Kapitel.

PRIVATE SICHERHEIT WELTWEIT
Wir sind privilegiert

Es kann gar nicht oft genug betont werden: In Deutschland wie in anderen entwickelten Industrieländern mit einen Sozialstaatssystem genießen wir im weltweiten Vergleich in der Tat Bevorzugungen, Vorrechte, sprich: Privilegien. Von – noch – relativ wenigen Ausnahmen, die wir dienstlich erleben mal abgesehen, stehen uns hierzulande fließendes Wasser und Elektrizität wie selbstverständlich zur Verfügung. Niemand muss Angst haben, auf dem Weg zur Arbeit oder auf dem Nachhauseweg unverschuldet in eine Schießerei zu geraten.
Die meisten von uns haben satt zu essen und zu trinken und ein festes Haus, in dem sie oder er mit oder ohne Partnerschaft, alleinerziehend oder wie auch immer wohnen darf. Ja, *darf.* Selbst wenn die Wohnbedingungen, wie ich immer wieder höre, auch in einem entwickelten Industrieland wie Deutschland vermehrt hanebüchen sind und ebendiese dann auch

zu recht bemängelt werden. Niemand von uns ist gezwungen, in einer *Wellblechhütte* hausen zu müssen. Weltweit sind wir auch in diesem Punkt in der Minderheit.

Der allergrößte Teil von uns Sicherheitsleuten, die in den wohlhabenden europäischen Ländern geboren und aufgewachsen sind, kennt den Krieg nur aus Erzählungen der Eltern und Großeltern sowie aus dem Geschichtsunterricht. Die Wenigsten von uns, mich einbezogen, können nur erahnen was es heißt, in Bombennächten Keller und Bunker aufzusuchen, um das nackte Leben zu retten.

Ausnahmen bilden in diesem Punkt neben den Flüchtlingen diejenigen, die von der Bundeswehr in den Krisengebieten, beispielsweise in Afghanistan oder in Mali eingesetzt wurden und jetzt in unserer Branche arbeiten. Flüchtlinge, die aus Kriegs- und Krisengebieten stammen und nun ebenfalls im privaten Wach- und Sicherheitsdienst hierzulande tätig sind, können von Krieg und Hunger berechtigterweise *nicht nur* ein Lied singen.

Wenn der Verdienst im Wachgewerbe nicht zum Leben reichen sollte, kann hierzulande ergänzendes Hartz-IV beantragen. Niemand, wird ernsthaft behaupten, dass das unproblematisch ist, im Gegenteil. *Staatsknete*, allein das Wort ist meistens negativ besetzt. Nichtsdestotrotz ist es grundsätzlich möglich, staatliche Unterstützung erhalten zu können.

Bleiben wir noch ein wenig in Deutschland. Obgleich die Löhne in unserem Gewerbe wie beschrieben in den letzten Jahren erheblich nach oben geklettert sind, wird immer noch geklagt, dass es zu wenig sei.

Wird denn in Österreich und in der Schweiz mehr verdient? Wenn dem so sein sollte, dann auf zu neuen Ufern!

Wer will, kann dorthin auswandern und muss in ganz Österreich und in der so genannten „deutschen" Schweiz noch nicht einmal eine Fremdsprache erlernen. Ausnahmen gibt es natürlich auch hier, zum Beispiel, wenn vor allem menschlich nahestehende Familienangehörige versorgt werden müssen, ist ein Wegzug erst recht ins Ausland schwierig. Oft sind manche nach meinen Erfahrungen jedoch einfach zu bequem, für sich entsprechende Wege zu gehen und meckern unentwegt auf hohem Niveau weiter, ohne etwas an *ihrer* Situation zu *verändern,* obwohl es möglich wäre. Dumm, wenn der Wille fehlt und sich das eigene Leben durch Selbstmitleid schwieriger gemacht wird, als es eigentlich ist.

Kurz gefasst: viele von uns sehen gar nicht mehr, wie gut es uns in Deutschland geht. Ob es in Frankreich, Dänemark oder Schweden für uns Sicherheitsmänner und -frauen gleich gut oder besser aussieht, habe ich trotz intensiver Internetrecherche nicht ergründen können. Aber auch hier gilt, wer möchte, kann dank der EU-Reisefreiheit gehen. Trotz Corona. Zwar ist es sicherlich mit größeren Schwierigkeiten verbunden als vor der Pandemie, aber wer sagt, dass es nicht möglich ist?!..

Egal, unsere Berufskollegschaft ist wie überall auf unserem Erdball auch dort vor Ort. Stets zu Diensten für die Kundschaft, die sie haben will und dafür zahlt. Oder auch nicht. Oder nur teilweise, wie wir noch sehen werden.

Und schon sind wir mittendrin in den Problemen, die weltweit sattsam bekannt sind: Arbeit auf Abruf, zu viel zu leistende Überstunden, die dann auch noch falsch oder gar nicht berechnet oder folgerichtig unbezahlt bleiben. Bei einigen der Geschäftsführenden ist es überhaupt sehr beliebt, weniger Arbeitsstunden zu bezahlen als tatsächlich geleistet wurden. Dabei beuten sich nicht wenige Wachleute selber aus, um auf die benötigten Stunden zu kommen. All das kennen wir Wachleute aus eigenem erleben nur allzu gut. Aber weltweit gesehen geht es noch deutlich schlimmer, wie wir gleich sehen werden.

Wie hanebüchen die Situation ist, wollte ich an Beispielen von allen fünf Erdteilen untermauern, was ich in der ursprünglichen Version auch gemacht habe. Mehr noch, ich hätte nur allzu gern über noch mehr Länder berichtet, konnte jedoch zu wenig oder keine brauchbare Informationen im weltweiten Netz finden. Aus urheberrechtlichen Gründen und um juristischen Ärger zu vermeiden habe ich davon Abstand nehmen müssen. Was nun folgt ist die logischerweise abgespeckte Version, in der ich die wichtigsten Fakten aus dem mir zur Verfügung stehenden Material herausgearbeitet habe.

Das Gruselkabinett der globalen privaten Wach- und Sicherheitsindustrie

Nach all dem, was ich beim Recherchieren für mein Buch herausgefunden habe, ist es in nicht wenigen Erdregionen absolut üblich, das private Wachpersonal wie eine Weihnachtsgans auszunehmen. Dabei können diese trotz sehr niedriger Lohnzahlungen durchaus unterhalb des Mindestlohnes liegen . Auch dass Mindesturlaubstage nicht gewährt werden, kann hinzukommen. Doch damit noch lange nicht genug. Wovon ich ebenfalls immer wieder las war, dass es in vielen Ländern eventuell keine Regularien für unser Gewerbe gibt und wenn, kommen sie als zahnlose Tiger daher, weil die entsprechenden Behörden absolut unterfinanziert und die Bestimmungen oftmals veraltet sind.

Damit sind sie weder in der Lage, die privaten Wachunternehmen zu kontrollieren, ob sie sich gesetzeskonform verhalten, noch können sie Verstöße entsprechend ahnden und sanktionieren.

Schlechte um nicht zu sagen miserable Arbeitsbedingungen für die Wachhabenden haben sich wie ein roter Faden durch meine Recherchen gezogen. Dazu gehörten Berichte über die fehlende soziale Absicherung, unzureichende Ausrüstung. Des Weiteren wurde über Essenspausen, die nicht genommen werden können sowie nicht vorhandene Toiletten am Arbeitsplatz berichtet.

Es existieren durchaus private Wachbetriebe, die ihrem Sicherheitspersonal Schulungen anbieten. Diese kommen jedoch eher schlecht als recht daher und Menschenrechtsfragen fallen da gern mal unter den Tisch. Dasselbe Schicksal kann auch die Arbeitnehmerrechte betreffen.

Was ich aus all den Informationen, die ich durchforstete mitgenommen habe ist, dass es weltweit für uns Wachleute absolut nicht selbstverständlich ist, eine Schulung kostenlos zu bekommen geschweige denn sie auch zu erhalten.

Unprofessionalität und Menschenrechtsverletzungen vonseiten der Wachangestellten können die Folgen solcher Missstände darstellen und nicht nur das. Korruptes Verhalten und das stehlen des Eigentums, das sie eigentlich bewachen sollen, spielt da mit hinein.

Soweit ich es richtig verstanden habe, sind die Geschäftsführenden der privaten Wachindustrie in vielen Erdregionen am längeren Hebel, wenn sich ihr Wachpersonal über ihr mögliches Fehlverhalten beschweren möchte. Gewerkschaften für private Wachangestellte sind entweder zu schwach auf der Brust, um die Interessen ihrer Mitglieder wirksam vertreten zu können oder sie sind schlichtweg nicht vorhanden. Wer als Wachkraft in einem Land mit hoher Arbeitslosigkeit ohne nennenswerter oder fehlender staatlicher Unterstützung lebt und eine Arbeit hat, wird angesichts solcher Zustände mögliches Fehlverhalten der Geschäftsführung als gegeben hinnehmen statt dagegen aufzumucken.

Nicht nur die Gewerkschaften für Wachhabende, auch die private Wach- und Sicherheitsindustrie ist meines Erachtens weltweit männerdominiert aufgestellt. Aus diesem Grund ist es für mich kaum verwunderlich, dass zwischen den privaten Wachbetrieben ein harter Wettbewerb besteht.

Meines Wissens verzeichnet unsere Branche weltweit hohe Wachstumsraten und viele Unternehmen der privaten Wach- und Sicherheitswirtschaft fahren auf dem Rücken der Wachkräfte gute Gewinne ein. Wie sonst ist es zu erklären, dass immer wieder von einer hohen Fluktuation der Betroffenen zu lesen ist?

Horrorgeschichten?

Wenn wir Monate oder Jahre bis zu 84 Stunden Wachdienste schieben, ohne nur einen Tag frei zu haben oder es wagen sollten, uns – vielleicht nach mehreren Monaten – doch einen Tag frei zu nehmen, weil er uns per Gesetz nach einer 60-Stundenwoche zusteht und internationalem Standard entspricht, könnte das willkürliche Lohnabzüge zur Folge haben. Dabei ist Ruhe ein grundlegendes Menschenrecht. Sollten wir unerlaubt die Toilette aufsuchen oder unsere Dienstkleidung nicht korrekt tragen, könnten ebenfalls empfindliche Lohnabzüge drohen. Weil ein Gewerkschaftsverbot bestünde, könnten wir uns nicht gegen all diese Unmenschlichkeiten wehren.
Was wäre, wenn wir ohne schriftlichen Arbeitsvertrag und ohne soziale Absicherung 72 Stunden pro Woche arbeiten müssten? Gesundheitsrisiken in puncto Covid 19 kämen zusätzlich noch obendrauf und der Staat und seine Sicherheitsbehörden in puncto Covid-19-Impfung glänzten mit Tatenlosigkeit. Doch alls Wanderarbeiter hätten wir gar keine andere Wahl, als uns zu fügen.
Nur mal angenommen, dass wir in einer zusammengezimmerten Bretterbude unseren Dienst verrichten müssten. Innerhalb dieser Holzbaracke befände sich eine Trennwand, die ihren Namen kaum verdient und das Plumpsklo von einer Sitzgelegenheit trennt. Im Winter müssten wir damit leben, dass sich an der Glasscheibe Eiskristalle bilden.
Eintönigkeit im Dienst kennen wir, darüber habe ich ausführlich an voriger Stelle berichtet. Aber 12 Stunden ohne Pause oder irgendeiner Abwechslung

vor einem Parkhaus stehen müssen und das alles für einen Hungerlohn? Statt sich wenigstens auf einen Hocker setzen zu können, müsste uns die Parkhauswand zum anlehnen ausreichen und bei schmerzenden Beinen dürften wir etwas im Kreis gehen. Nach Dienstschluss gingen wir müde, hungrig und erschöpft nach Hause.

Aber auch das könnte es in sich haben. Denn eine Sicherheitskraft zu sein wäre alles andere als ungefährlich für uns, was schon mit der Umgebung, in der wir daheim wären, begänne. Arbeitslosigkeit, Drogenmissbrauch, Bandenkriminalität und damit verbundene Schießereien, all das würden wir als alltägliche Normalität in unserem Armenviertel ansehen. Wir wären glücklich, eine Arbeit zu haben, obwohl wir wie alle anderen beengt in einer Wellblechhütte wohnen müssten.

Bei dem, was jetzt folgt, könnten wir gar nicht mehr fliehen. Wie auch, wenn uns im Dienst ein bewaffneter Mann gegenüber träte, der sofort schießen würde? Bei dem einen Wachmann würden Bauch und Hals getroffen, er stürbe noch vor Ort. Seinen Kollegen träfe eine Kugel am Kopf. Ein Hubschrauber brächte ihn ins Krankenhaus, in dem er seiner Verletzung erläge.

Vor all den angeblichen Horrorvisionen schließen wir nur allzu gern die Augen, wenn uns davon berichtet wird. Wir würden schnellstmöglich wegrennen wollen. Das Problem: die Betroffenen können nicht einfach ihre Beine in die Hand nehmen und zusehen, dass sie verschwinden, weil es sich in Wirklichkeit nicht um Horrorgeschichten handelt, sondern um nackte, brutale Wahrheiten.

Männliche Machtspiele gegen Sicherheitsfrauen

Was mich bei meinen Recherchen sehr bestürzt hat ist die Lage von Wachfrauen im südlichen Afrika. Frauenrechte zählen dort nicht besonders viel, was sich nicht allein in der niedrigeren Bezahlung widerspiegelt. Wenn Frauen gesellschaftlich als minderwertig angesehen werden, ist der Tatbestand einer Diskriminierung erfüllt. Ausbeutung sowie sexueller Missbrauch bis hin zur Vergewaltigung unterstreichen den männlichen Machtmissbrauch auf eklatant widerliche Weise.

Eine Gewerkschaft, die ausschließlich die Interessen von Wachfrauen oder von Frauen überhaupt vertritt, wäre hauptsächlich aus den eben genannten Gründen dringend notwendig. Dabei nehme ich nicht an, dass eine Arbeitnehmerinnenorganisation dieser Art auch nur irgendwo auf der Welt existiert.

Gelten Wachmänner im Allgemeinen als groß und stark, Wachfrauen im Gegenzug dazu als schwach und viel zu emotional? Stellen sie ein schlechtes Wachpersonal dar, weil sie wegen Menstruationsbeschwerden, Kindererziehung und Krankheit ausfallen können? Außer der Tatsache, dass auch Männer krank werden aber keine Kinder bekommen können kann ich mir nicht vorstellen, dass derartige Behauptungen einem Faktencheck standhalten können.

Richtig ist, dass Frauen genauso gut wie Männer sind. Frauen können auch in unserer Branche sehr viel in die Waagschale legen, um ein Team vorwärts zu bringen. Durch Neuerungen sind sie in der Lage, zu einem positiven Wandel beizutragen, die Leistungen aller Beteiligten und die Qualität eines Unternehmens erhöhen.

Noch ein Argument für gemischte Teams: Frauen und Männer haben bekanntermaßen was die Arbeitsebene angeht, verschiedene Herangehensweisen. Es wird Zeit, diese Tatsache endlich positiv zu nutzen und umzusetzen. Hier ist auch ein Umdenken von uns Männern gefragt.

Frauen arbeiten meines Wissens weltweit immer noch in den so genannten „weichen Bereichen" wie zum Beispiel am Empfang. Wichtig ist, sie in allen Bereichen unseres Gewerbes Zugang zu verschaffen und – selbstverständlich – genauso wie Männer zu bezahlen. Wenn ich höre, dass Frauen für unsere Berufsgruppe physiologisch ungeeignet sind, zielt das nach meinem Dafürhalten darauf ab, männliche Vorurteile durch eine niedrigere Bezahlung noch zu unterstreichen.

Die Geschlechterungleichheit zu beseitigen ist ein wichtiges Thema, dass angegangen werden muss, um die vielen Probleme effektiv zu beseitigen. Erschwerend ist meiner Meinung jedoch, dass es sich hier um ein globales Problem handelt. Bildung ist ein wichtiger Schlüssel gerade für Frauen, um der Armut und der Unkenntnis über ihre Rechte entgegenzutreten.

Alle Frauen, egal, wo sie leben, müssen beigebracht bekommen, dass es neben Pflichten auch Rechte gibt, die ihnen nicht weiter verwehrt werden dürfen. Für mich ist das der Grundstein dafür um lernen zu können, sich gegen jegliche Form von Gewalt und Geschlechterungleichheit zu behaupten. Am Ende schaden wir mit unserem Denken und Handeln nicht nur der Wirtschaft, sondern missachten vor allem die Möglichkeit, eine gerechtere, menschlichere Welt zu schaffen. Das geht nur mit allen Menschen gemeinsam, egal, welchem Geschlecht sie angehören.

GEDANKEN ZUR ZUKUNFT
Wohin geht die Reise?

Menschen, die fremdes Eigentum bewachen, werden auch künftig nötig sein. Aber wird nicht all das, was technisch machbar ist, in naher Zukunft eingesetzt werden? Wird nicht allein schon die Alterung der Gesellschaft und der dadurch schon heute spürbare Arbeitskräftemangel dazu führen, dass auch in unserer Branche immer mehr Arbeitnehmende freigesetzt werden *müssen?* Es stimmt zwar, dass Berufe in allen Zeiten ausstarben und durch neue ersetzt wurden. Dieser Zustand hält bis heute an und das wird auch in Zukunft so bleiben.
Wer weiß heute noch, was ein Stellmacher war? Früher konnte ein Stellmacher, dessen Fähigkeiten nicht mehr gefragt waren – Stellmacherinnen gab es keine – in einen anderen Beruf umschulen. Doch so einfach wie damals ist es heute nicht mehr. In fast allen Berufen werden heutzutage Fähigkeiten verlangt, die noch vor 40 Jahren undenkbar gewesen wären.
Mir selbst sind viele Sicherheitsmitarbeitende bekannt, die seit vielen Jahren oder Jahrzehnten, ihrem früher erlernten Beruf oft aus körperlichen Gründen nicht mehr ausüben können. Von den jeweiligen Weiterentwicklungen in den einzelnen Berufssparten ganz zu schweigen. Kenntnisstände

müssten weiter entwickelt, „verschüttetes" Wissen „ausgegraben" werden, sofern es überhaupt noch benötigt wird. Vielen wird die Alternative, in den früheren Beruf zurückzukehren verwehrt bleiben. Egal, ob sie das wollen oder nicht.

Auch im Wachgewerbe werden nach meinen Beobachtungen die Mitarbeitenden gewinnen, die sich in entsprechend gehobenen Positionen befinden, weil sie auch das entsprechend nötige geistige Potential sowie die Durchsetzungsfähigkeit dafür besitzen. Am wenigsten werden sich studierte Fachkräfte und andere schulisch hochgebildete Sorgen machen müssen.

Es wird viele Verlierende geben, nicht nur diejenigen, denen das kognitive Rüstzeug zum erreichen höherer Ziele von Natur aus fehlt. Das haben sich die Betroffenen weder selbst ausgesucht noch können etwas dafür.

Soziale Belange, die menschlich von den meisten hiesigen privaten Wachbetrieben durchaus gewollt und erwünscht sind, müssen nach meinen Erfahrungen jedoch hinter ökonomischen Sachzwängen zurückstehen. Die Unternehmen können sich dem nicht entziehen. Viele nennen diese Fortschritt. Der lässt sich bekanntermaßen nicht aufhalten.

Die Frage ist allerdings, wie zukunftsfähig ist die Bundesrepublik Deutschland, um den heutigen und künftigen Herausforderungen die Stirn bieten zu können? Seit *1883 (!)* finanzieren wir den Staat vor allem über die abhängig Beschäftigten was, in Jahrhunderten gedacht, vorgestrig ist.

Welche alternativen Wege davon künftig gangbar sein können, sollen am Ende die entscheiden, die das studiert haben. Ich bin mir absolut sicher, dass es Alternativen in sozialer und wirtschaftlicher Hinsicht gibt und hoffe, dass sie sich so weit wie es die oben genannten Zwänge erlauben, durchsetzen werden.
Allerdings treibt mich die Sorge um, ob solche Konzepte gerade hierzulande aus egoistischem, engstirnigen, machtgeilen Denken und Handeln viel zu lange blockiert werden und es wegen zu hoher Kostenbelastungen zu einem Zusammenbruch der Sozialsysteme kommen wird. Ich bin kein Experte, habe ich mir aber so meine Gedanken gemacht. Auch und gerade als Wach- und Sicherheitsmann, was die folgenden Szenarien bezeugen.

Vermutungen

Deutschland im Jahr 2035. Mitte der 2020er Jahre haben Wirtschaft und Politik endlich begonnen umzudenken und entsprechend positiv gehandelt. Der drohende Kollaps der sozialen Absicherungssysteme konnte gerade noch verhindert werden.
Durch das Einführen einer Bürgerversicherung und wenig später des bedingungslosen Grundeinkommens wird der Sozialstaat immer weniger durch die Erwerbsarbeit finanziert. Andere Steuerquellen wie eine Maschinensteuer und andere sorgten für Abhilfe. Viele Wachleute, die sich heute in ihrem wohlverdienten Ruhestand befinden, haben ein Auskommen, das für die Führung eines menschenwürdigen Lebens ausreicht.

Neben der Politik hat hauptsächlich die Wirtschaft erkannt, dass Gewinne zwar wichtig, aber nicht das allein sinnstiftende Element im Leben sind. Die Variante, dass sich der Sozialstaat in erster Linie über die Erwerbsarbeit finanziert werden muss, hat sehr bald endgültig ausgedient.

Grundsätzlich werden Schwierigkeiten konstruktiv und meistens auf Augenhöhe ausgetragen. Außerdem ist akzeptiert, dass Wohlstand für alle zwar absolut nicht selbstverständlich, aber machbar ist.

Mit Gleichmacherei hat das nichts zu tun. Noch immer gilt der Grundsatz, dass wer mehr zu leisten vermag auch mehr verdienen muss. Aber alle müssen menschenwürdig leben können, weil das für einen friedlichen Zusammenhalt einer Gesellschaft trotz aller auch im Buch beschriebenen Widersprüche von elementarer Bedeutung ist und bleibt.

Die andere Variante. Deutschland, ebenfalls im Jahr 2035. Inzwischen hat die soziale Spaltung dermaßen zugenommen, dass es nur noch ein oben und ein unten gibt. Eine Mittelschicht gibt es schon lange nicht mehr.

Die vielen Hochhaussiedlungen an den Rändern der Großstädte verfallen unaufhaltsam zu baufälligen Ruinen, in denen Menschen hausen, die schon früher zu den Benachteiligten zählten. Soziale Brennpunkte sind zu Gegenden geworden, die von „anständigen Menschen nicht betreten werden."

Längst haben sich im Anschluss an diese alten Problemviertel neue gebildet, wobei es sich um illegale Wellblechsiedlungen handelt, die sich überall im großen Stil im Anschluss der Hochhaussiedlungen gebildet haben.

Hier fehlt es an jeglicher Infrastruktur, weder fließend Wasser noch Elektrizität ist vorhanden, es sei denn, letztere ist illegal angezapft worden. Jugendbanden treiben ihr Unwesen, Morde sowie Gewalt in jeglicher Form sind hier noch mehr an der Tagesordnung als in den verkommenen Hochhaussiedlungen. Drogen- und Taxikartelle treiben ihr Unwesen. Perspektivlosigkeit und illegale Waffen aller Art gibt es wie Sand am Meer.

Auf der anderen Seite die Villenviertel und geschlossenen Wohnanlagen. Private Wachleute gibt es hier seit Jahren nicht mehr, längst haben Rechner die Zugangskontrolle übernommen.

In den Einsatzzentralen sitzen jetzt hochspezialisierte Fachkräfte für Schutz und Sicherheit, die ebendiese Oasen der Reichen mit allen technisch verfügbaren Geräten bewachen können.

Ganze Städte mit einer kompletten Infrastruktur sind in den geschlossenen Wohnanlagen entstanden. Auch die Villenviertel sind ausnahmslos umzäunt, der einst verbotene Elektrozaun als „Krönung obendrauf" ist gesetzlich längst erlaubt und gängiger Standard. Ein hoher Preis für vermeidbare Versäumnisse.

Zurück ins Hier und Jetzt, in das Jahr 2022. Diese Szenarien sind natürlich nur Vermutungen. Für uns alle hoffe ich, dass ein Szenario wie das zuletzt beschriebene *nicht* eintreten wird.

Über technische Möglichkeiten und denkbare Folgen

Wenn, soweit mir bekannt ist alles, was bereits heute technisch Mögliche eingesetzt würde, hätten wir schon sehr bald eine Arbeitslosigkeit, die sich im zweistelligen Millionenbereich befände. Mir scheint, dass viele Wachleute die Gefahr ausklammern oder in welcher Weise auch immer sie bewusst oder unbewusst verdrängen. Unbequeme Wahrheiten lässt niemand gern an sich heran. Kommen wir noch einmal auf die Alterung unserer Gesellschaft zurück. Was passiert mit den meistens älteren Wachleuten, die wie erwähnt es nicht schaffen können, mit dem technischen Fortschritt mitzuhalten? Gibt es Konzepte, die ihnen ein menschenwürdiges, selbstbestimmtes Leben ermöglichen oder lässt die Gesellschaft sie fallen, weil sie für ebendiese auf dem Arbeitsmarkt nicht mehr *verwertbar* sind? Undenkbar ist das nicht. Könnte ein bedingungsloses Grundeinkommen, ein Bürgergeld oder beides in Kombination helfen, um dem entgegenzuwirken? Aus humanitären Gründen ist dieser Wunsch nicht allein mehr als verständlich sondern richtig. Was und ob sich überhaupt etwas von diesen sozialen Instrumenten durchsetzten kann bleibt abzuwarten.

Schlussbemerkung

Als ich im Herbst 2019 mit dem schreiben des Buches begann, hätte ich nicht gedacht, dass bis zum Winter 2022 dauert, bis es fertig wird. Von Anfang an ging und geht es mir darum, dass private Wach- und Sicherheitsgewerbe so darzustellen, wie es ist, mit allen Licht und Schattenseiten. Ansonsten habe ich mich bemüht, zu gendern. Das damit die Gleichberechtigung zwischen den Geschlechtern nicht explosionsartig ausbricht ist mir klar. Trotzdem dürfte aus den Zeilen des Buches klar geworden sein, dass sie mir sehr wichtig ist.

Zum einen hätte ich sehr gerne über noch wesentlich mehr Länder geschrieben, als es mir möglich war. Zum anderen ist es jedoch wie im einzelnen erwähnt,schwierig, überhaupt an brauchbare Informationen im Internet heranzukommen. In meinen Augen ist das ein erneutes Beispiel, das zeigt, wo unser Berufszweig global aber auch lokal gesehen steht.

Beim Schreiben habe ich lernen müssen, was bereits zu ahnen war. Nämlich, dass es zumindest in vielen Ländern dieser Erde um die private Wachindustrie nicht gerade rosig bestellt ist. Es fehlt noch viel zu oft an Respekt, Anerkennung und Würdigung unserer Arbeit. All das spiegelt sich in der fehlenden öffentlichen Wahrnehmung der privaten Wach- und Sicherheitswirtschaft wider.

Die Arbeit an diesem Buch hat ganz klar gezeigt, dass unsere Branche global gesehen in meinen Augen eine Verbrecherbande ist, in der Menschenrechte und Menschenwürde nicht allzu viel bis absolut gar nichts zählen.

Die sozialen, gesundheitlichen und wirtschaftlichen Folgen, die diese Menschen zu ertragen haben, kann ich nicht einmal erahnen. Ich weiß nicht, was es heißt, trotz Arbeitsüberlastung nicht satt werden zu können. Ebenso ist mir absolut unklar was es bedeutet, keine ärztliche Hilfe in Anspruch nehmen zu können, weil ich sie trotz Vollzeitarbeit nicht bezahlen kann. Ebenso habe ich keine Ahnung davon, wie es möglich sein kann, trotz einer absoluten Unterbezahlung überleben zu können, ganz zu schweigen davon, am gesellschaftlichem Leben teilnehmen zu können.

All diese Länder waren früher Kolonien, das bezeugen die Quellennachweise. Für mich kommt hierbei die Frage auf, ob die heute noch stattfindende Ausbeutung auch ein koloniales Erbe des *weißen Mannes* ist!?... Schließlich ist der europäische Einfluss immer noch allgegenwärtig und deswegen nehme ich an, dass genau das der Fall ist.

Zurück in unsere Breiten. Im Oktober 2022 ist der Mindestlohn in Deutschland auf sage und schreibe 12,- Euro gestiegen. Ein Wirtschaftsstudium ist nicht erforderlich um zu wissen, dass das zumindest langfristig gesehen nicht nur in der privaten Sicherheitsindustrie sehr viele Arbeitsplätze kosten wird.

Gerade jetzt, wo wir angesichts des Krieges in der Ukraine wohl möglich vor der größteWirtschaftskrise seit 1945 stehen, sollten wir Wachleute uns lohnpolitisch in Zurückhaltung üben. Nicht, weil das so schön ist, sondern aus der schlichten Notwendigkeit heraus. Denn die Inflation ist hierzulande so hoch wie seit über 40 Jahren nicht mehr. Zu hohe Löhne können nach den Informationen, die ich gelesen und gehört habe, diese Entwicklung allerdings verstärken, Stichwort: Lohn-Preis-Spirale.

Um zu erklären, warum ich das so sehe, muss ich ein wenig ausholen. Nicht nur die Chemie- und Glasproduktion sondern auch die von Papier und Stahl ist sehr energieintensiv. Wenn Russland ihnen den Gashahn zudreht, befürchte ich gravierende Folgen nicht nur für diese vier Branchen.

Arbeitsplatzabbau und Pleiten können neben den dort Beschäftigten auch uns drohen, wenn demzufolge Bewachungsaufträge wegbrechen, weil die Betriebe nicht mehr existieren.

Falls wegen des Verschwindens der oben genannten Industriebetriebe auch die Zulieferunternehmen, die von ihnen abhängen, ihre Produktion einstellen, dürften weitere Aufträge für die private Sicherheitsindustrie verloren gehen. Diese in meinen Augen durchaus mögliche Entwicklung kann uns nicht gleichgültig sein, zumal sie nicht isoliert nur von unserer Warte aus betrachtet werden darf.

Weil wir logischerweise nicht die einzigen wären, denen Arbeitslosigkeit ins Haus stünde. Deshalb möchte ich meine Hand nicht dafür ins Feuer legen, dass soziale Unruhen bei einem solchen Szenario ausgeschlossen sind.

Es stimmt, dass insbesondere mittlere und untere Einkommen besonders von der Inflation betroffen sind. Mehr noch, hauptsächlich die unteren leiden darunter am meisten. Das geht neben vielen anderen Branchen auch unsere an. Bei einer sich fortwährend nach oben drehenden inflationären Lohn-Preisspirale können wir ohne monetären Verzicht auf einen höheren Lohn nur verlieren. Genau deshalb und wegen den oben genannten Befürchtungen habe ich ein großes Problem mit dem baldigen neuen Mindestlohn.

Kurz gesagt, es muss Ausnahmen bei den Mindestlöhnen geben, auch und gerade beim privaten Wachpersonal. Ansonsten befürchte ich, dass es zu einem Lohnrückgang kommen kann, der mit Menschenwürde nicht mehr viel gemein hat und sich noch negativer auf unsere zu erwartenden Renten auswirken wird, als es ohnehin schon der Fall ist.

Denn die reicht bei inzwischen viel zu vielen Menschen schon heutzutage nicht mehr für ein menschenwürdiges Dasein aus. Wie gesagt, ohne die Alten geht es nicht und viele von ihnen gehen nicht nur immer noch in Vollzeit arbeiten, weil ihnen die Arbeit Freude macht, sondern auch, weil sie es machen müssen. Nichtsdestotrotz hoffe ich immer noch auf eine positive Wende.

Auch deswegen gilt, bevor wir jetzt mit großen Wehklagen und Jammern beginnen, uns selbst bedauern und infolgedessen vor Selbstmitleid zerfließen, sollten wir besser *unser* Anspruchs- und Besitzstandsdenken kritisch hinterfragen. Dabei hilft es, über den (deutschen) Tellerrand hinauszuschauen. Wer noch mehr über unsere Branche in Deutschland und weltweit informieren möchte, kann das Wissen in den Quellennachweisen vertiefen.

Kurz zu mir

1960 erblickte ich das Licht der Welt wenn auch nur mit einem sehenden Auge. Da habe ich nochmal Glück gehabt. Ich bin gelernter Textilreiniger und sammele seit 2008 als „einfacher" Sicherheitsmann so meine Erfahrungen im privaten Wach- und Sicherheitsgewerbe. Seit Anfang 2022 jedoch wegen meiner Einschränkung nur noch sporadisch als Rentner.

Mein Zuhause liegt im Brandenburgischen, in dem ich mit meiner Frau zusammen lebe. Mir ist es wichtig, geistig und körperlich fit sowie beweglich zu bleiben sowie das Leben so weit wie möglich zu genießen.

Vielen Dank!

Mein erster Dank geht vor allen anderen an meine Frau Martina, die mich in puncto Technik sowohl am Klapprechner als auch am „richtigen" großen Rechner tatkräftig unterstützt hat.

Selbstverständlich geht mein Dank auch an all die früheren und jetzigen Chefs und Cheffinnen, Kolleginnen und Kollegen, mit denen ich gute und informative Gespräche über unsere Berufsgruppe führen konnte. Zudem danke ich all den Wachkräften, die es durch ihr Verhalten in positiver als auch in negativer Weise selbstverständlich anonym in mein Buch geschafft haben. Ohne euch wäre dieses Buch kaum entstanden. Nicht zuletzt danke ich dem Internet mit all ihren Informationen, die ich selbstverständlich in den Quellennachweisen angegeben habe.

Noch einmal zu den Medien. Diese lieferten und liefern für mich die wichtigste Triebfeder überhaupt, dieses Buch zu schreiben. Dabei übersehe ich nicht, dass es auch sachliche, positive Medienberichte gibt. Vielen Dank dafür. Außerdem hat es mir auch riesigen Spaß gemacht, dieses Buch zu schreiben.

Zu guter Letzt geht mein Dank an das Internet, ohne dem das Buch in dieser Ausführlichkeit gar nicht möglich gewesen wäre. Des Weiteren danke ich sehr dem Books on Demand-Verlag aus Hamburg für die freundliche Unterstützung und die Veröffentlichung des Buches, auch um damit zu beginnen, die

Öffentlichkeit über die Licht- und Schattenseiten unseres Berufsstandes informieren zu können.

Zu den Quellen
1. Kapitel: VORURTEILE UND WAHRHEITEN

HierarchischeStrukturen?
https://www.deutschlandfunk.de Festival Männlich, weiß, hetero – Was es bedeutet, privilegiert...,

Dumm, Dümmer, Wachleute? https://rnz.de Übergriffe auf Flüchtlinge durch Wachpersonal, https://www.handelsblatt.com Wenn der Stallgeruch über Karriere entscheidet

2. Kapitel: WIR SIND ÜBERALL

Auf dem Bau https://www.meistertipp.de Sonnenschutz ist Arbeitsschutz und Gesundheitsschutz,

In Museen und Galerien: https://www.bundestag.de Privatisierung von staatlichen Aufgaben, https://www.zeit.kultur news. Goldmünzen-Raub..., https://www.skd.museum presse Einbruch ins Juwelenzimmer..., https://www.kulturmanagement.net Das Publikum von Theater und Oper,

Auf Flughäfen und im öffentlichen Nahverkehr: www.stepstone.de Gehalt Luftsicherheitsassistent-/in, https://www.sicherheit-nord.de Sicherheitsqualität ist kein Zufall...

In sozialen Brennpunkten: https://www.fes.de Schulen in sozial benachteiligten Lagen
Feste feiern und feste arbeiten: https://www.merkur.de Neues Konzept für ein friedliches Dorffest, https://www.nw.de Zwei Schlägereien und ein Einbruch auf Feuerwehrfest

3. Kapitel: ZWISCHENMENSCHLICHES

Hinter den Kulissen: aus §618 BGB hergeleitet, https://dgbrechtsschutz.de Wer muss Arbeitskleidung bezahlen? - DGB Rechtsschutz GmbH

Achtung: https://steuerklassen.com Arbeitgeberanteil liegt bei etwa 50 Prozent – Steuerklassen, https://www.firma.de Lohnnebenkosten – Was zahlt der Arbeitgeber? https://www.bmfsfj.de Sexismus im Alltag BMFSFJ

Frauen im hiesigen Wach- und Sicherheitsgewerbe: https://apollon-erfahrungen.de Frauen reden anders, Männer auch, https://www.weser-kurier.de Frauen sind diplomatischer – Weser Kurier, https://sueddeutsche.de Führung – Männer bevorzugt – Karriere. SZ.de, https://www.annabelle.ch Auch weibliche Chefs bevorzugen männliche Mitarbeiter

Von Möchtegern-Chefs, echten Chefs und Dienstplänen: https://papershift.com Dienstplan Bekanntgabefrist: Das gilt es zu beachten..., https://rightmart.de Ständige Erreichbarkeit...,https://www.dhfpg.de Wie viel

Ruhezeit braucht man zwischen..., https://gesundheit-soziales.verdi.de Kein Holen aus dem Frei, https://www.dahag.de Kurzfristige Dienstplanänderung: Ihre Rechte als Arbeitnehmer, https://www.arbeitszeit-klug-gestalten.de Rufbereitschaft – Bereitschaftsdienst - Arbeitsbereitschaft

Havarien, Übungen und Langeweile: https://www.saftyxperts.de Brandschutzübung: Vorschriften,...

Steht das ganze Land still... https://nrw.verdi.de Assistenten streiken am Flughafen Köln/Bonn und Düsseldorf, https://www.uni-goettingen.de Globalisierung schwächt die Gewerkschaften – Axel Dreher, https://deutschlandfunk.de Folgen des Wechseldienstes, Schicht am Schacht..., https://www.zeit.de Gleichberechtigung, Hausarbeit und Kindererziehung...,

Nicht nur von der Firma „Horch und Guck:" https://www.bild.de Securitas-Chef war Stasi-Hauptmann: Geheime Vergangenheit, https://www.yumpu.com So hat es angefangen - BDSW-Yumpu

Es geht auch anders: https://wasi-nrw.de Rassismus im Sicherheitsgewerbe?

Rassismus und Sexismus in der Kollegschaft: https://www.bmfsfj.de Sexismus im Alltag – BMFSFJ,

https://deutschlandfunkkultur.de Flüchtlinge und Sicherheitspersonal – Schulungen für ein besseres Verständnis
Geschriebene und ungeschriebene Regeln: https://praxistipps.focus.de Warum nennt man Polizisten Bullen? Daran liegt es / FOCUS.de

4. Kapitel: **CORONA, CORONA, CORONA**

Den Schalter umlegen: https://gds-sicherheit.de Informationen im Sicherheitsdienst/Security-News/Wachschutz, https://bnn.de Kein Boom für private Sicherheitsleute in der Corona-Krise,

Home-Office, Kurzarbeit & Co: https://psycho.ch Corona und die Folgen sozialer Isolation, https://www.mags.nrw In Corona-Zeiten besonders im Blick: Arme und die von... https://www.dw.com Alkoholismus: Rückfall in der Corona-Ependemie, https://www.learnright.com Corona-Krise - Karrieresturz für Frauen oder Chance zur...

Neue und alte Gefahrenlagen: https://git-sicherheit.de BDWS Gewalt gegen private Sicherheitsleute nimmt zu https://gsd-sicherheit.de Zusammenarbeit Polizei und Sicherheitsdienste, https://gsd-sicherheit.de Informationen im Sicherheitsdienst/Securitty News/Wachschutz Mehr Sicherheit im Klinikum Sankt Marien, Steigende Aggressivität auf Gesundheitsamt, Gewalt in Jobcentern nimmt zu, https://www.gsd.de Aldi, Lidl und Rewe engagieren private Wachdienste, https://roteiv-bildungszentrum.de Geldtransprot, Grundlagen und Basistraining gem. DGVU-R115-001, https://prosecur.de Geldtransport: Grundlagen und Basistraining, https://bb.verdi.de ver.di kritisiert lasche Schutzausrüstung im Geld- und Wertetransport, https://rbbtext.de Überfälle auf Geldboten, https://gsd-sicherheit.de Sicherheitsdienst verhindert Automatensprengung, https://gsd-sicherheit.de Sicherheitsdienste auf Friedhöfen, https://m.tagesspiegel.de Eltern gehen jetzt auf Spielplätzen auf Patrouille – Tagesspiegel, https://tagesspiegel.de Drogenutensilien auf Spielplätzen: Eltern fordern Lösungen – Berlin-Tagesspiegel, https://www.tz.de Schock auf Münchner Spielplatz: Drogen-Spritze verletzt Fünfjährigen,

GeschlosseneWohnanlagen:
https://www.sueddeutsche.de Wohnen in Gated Communities, Arcadia, https://m-pnn-de Arcadia ist komplett ausverkauft, https://immobilienscout24.de 5 Stadthäuser und Townhouses in Berlin-Prenzlauer Berg, https://www.boeckler.de Corona vergrößert Ungleichheit auf den Wohnungsmärkten, Prenzlauer Berg, https://gsd-sicherheit.de Der Trend zu Gated Communities, https://www.rbb24.de Panorama Arme Menschen werden zunehmend an den Stadtrand gedrängt, https://br.de Durch Corona-Krise: Reiche immer reicher, Arme immer ärmer, https://deutschesschulportal.de expertenstimmen Corona-Krise verschärft Bildungsungleichheit

Von Mauern, Villen, Zäunen und ihren Helfershelfern: https://www.wir-sichern-berlin.de sicherheit/alarmanlage Alarmanlage-Beratung – Experten für Einbruchschutz, https://www.alarm-beratung.de/ kostenlose/beratung Alarm-Beratung.de Alarmsysteme vom Experten, https://www.deutschlandfunk.de Security im Villenviertel - Privater Schutz vor ungebetenen Gästen, https://siconcept.de Sicherheit für Ihr Eigenheim und Häuser, Schutz für Villen, https://rtl.de https://bpb.de Corona-Krise: Verstärkt die Pandemie...,
https://www.deutschlandfund.de Sozial benachteiligte Kinder und Corona,

Gesundheit: https://www.bertelsmann-stiftung.de Folgen unzureichender Bildung für die Gesundheit, https://www.online-trainer-lizenz.de Die Folgen von Übergewicht und warum du sie unbedingt...,
https://www.holdstrong.de Firmenfitness im Betrieb – gut für Mitarbeiter und den Betrieb, https://www.ruv.de R& V eröffnet Fitnessraum für Mitarbeiter,

5. Kapitel: PRIVATE SICHERHEIT WELTWEIT

Das Gruselkabinett der weltweiten privaten Sicherheitsindustrie: https://www.observatoire-securite-privee.org Demokratische Republik Kongo, Burkina Faso, Ghana, Guinea, Elfenbeinküste, Liberia, Mali, Togo, Senegal, Sierra Leone, Nigeria, Tansania, Kenia, Google-Übersetzung

Bloß weg hier, aber wie?... https://www.amnestych
Katar: Zwangsarbeit im Sicherheitssektor,
https://www.idronline.org article/all-work-no-
vaccines-security-guards-and-covid-19, Google-
Übersetzung,
https://taz.de Kriminalität in Südafrika – Der tägliche
Horror – taz.de, auf You Tube:VIC News „Violance
and private security in south africa",
https://www.brandeins.de magazine Sicherheit in
Südafrika: Meine Burg – brand eins online, / News
24, Google-Übersetzung, Buch Südafrika 151, von
Elena Beis (2014) basierend auf dem Kapitel
„Security Guard – Mission Stillstand"
https://www.news24.com Second security guard dies
after Durban shooting robbery

Männliche Machtspiele gegen Sicherheitsfrauen:
https://www.dcaf.ch Baseline study on private
security regulation in the southern african region
Google-Übersetzung, https://www.slidetodoc.com
impact of female security guards... Google-
Übersetzung, https://www.uniglobalunion.org. Why is
the private sector lagging behind on gender equalitiy?
Google-Übersetzung

Schlussbemerkung: https://www.t-online.de BASF-
Chef warnt vor der schlimmsten Wirtschaftskrise seit
1945, https://www.sueddeutsche.de Es droht größte
Wirtschaftskrise seit Zweiten..., https://www.focus.de
Inflation hoch, Löhne rauf? Warum dieser Mix...

Elivator Pitch

In der Öffentlichkeit wird die private Sicherheitswirtschaft oft nicht vorurteilsfrei wahrgenommen und demzufolge schnell ignoriert. Es ist höchste Zeit, das dadurch entstandene Zerrbild durch ein Gesamtbild zu ersetzen, das die Branche mit all ihren wirklichen Höhen und Tiefen zeigt. Denn es gibt vieles Verborgenes, das sich zu entdecken lohnt.